The Good Heart

선한 마음

달라이 라마의 성경 강의

달라이 라마 ┃ 류시화 옮김

불광출판사

종교의 목적은 바깥에 큰 사원을 짓는 것이 아니라, 우리들 가슴속에 선한 마음과 친절의 사원을 짓는 것이라고 나는 믿는다. 모든 종교는 그 내면의 사원을 지을 능력을 갖고 있다.

    - 달라이 라마

（머리글）

그 인상적인 일들을 기억하며

— 로버트 카일리

14대 달라이 라마 텐진 가쵸에 대해 확실한 것이 하나 있다. 그것은 그분이 명상에 잠겨 있는 때를 제외하고는 잠시도 가만히 앉아 있지 못하는 것 같다는 것이다. 1994년 9월 중순, 달라이 라마는 런던 미들섹스대학의 강의실에 나타나 350여 명 남짓한 그리스도교인들과 드문드문 앉아 있는 불교 수행자들을 대상으로 사흘 동안 특별 강연을 했다. 그때 그가 청중들에게 보여준 변화무쌍한 표정과 몸짓은 끝없는 변화와 흐름을 강조하는 불교 교리를 그대로 증명하는 것이었다. 힘찬 손짓과 수줍은 미소, 꿈틀거리는 눈썹, 그리고 느닷없는 너털웃음으로 자신의 말을 강조할 뿐 아니라 통역자가 긴 문장을 꿰맞추고 있는 동안에는 계속해서 자신의 갈색 승복의 늘어진 끝을 접어올리고, 단상 위 옆자리에 앉아 있는 토론자들의 손을 잡곤 했다. 청중 속에서 아는 얼굴이라도 발견할라치면 반갑게 손을 흔들고, 프로그램이 적힌 팸플릿을 훌훌 넘기곤 했다.

1994년 가을, 달라이 라마 성인이 런던에 와서 참석한 행사는 존 메인 세미나였다. 우리가 이것을 역사적인 행사라고 부르는 것은 조금도 과장된 표현이 아닐 것이다. 존 메인 신부를 기념하여 해마다 열리는 이 특별한 세미나는 존 신부가 만든 '세계 그리스도교 명상 공동체'에서 주최하는 행사이다. 존 메인 신부는 아일랜드계 베네딕도회 수도자로서, 사막의 교부들에서부터 이어져 내려온 전통에 따라 사람들에게 명상을 가르쳤으며, 전 세계 곳곳에 그리스도교인을 위한 명상 센터를 세웠다.

매년 거의 모든 대륙과 수많은 교파에서 수백 명이 넘는 그리스도교 명상 수행자들이 종교적인 윤리, 영성, 경전 해석, 다른 종교와의 대화, 기도에 대한 특별 강연을 듣기 위해 이 자리에 모인다. 최근까지 이 모임에 초청받아 특별 강연을 한 사람은 캐나다 철학자 찰스 테일러, 영국인으로 성 베네딕도회 작가이자 인도에 아쉬람(명상 센터)을 세운 베데 그리피스 신부, 장애인들과 함께 헌신적인 생활을 하는 그리스도교 평신도 공동체 '라르슈' 설립자 장 바니에 등이다.

달라이 라마 성인에게 신약성서의 복음서 강의를 맡긴 것은 이 세미나가 시작된 이래 처음 있는 일이다. 그분을 초청한 사람은 성 베네딕도회 로렌스 프리먼 신부이다. 로렌스 프리먼 신부는 옥스퍼드대학에서 문학을 전공했으며, 현재는 런던 콕포스터즈에 있는 올리베트파 베네딕도회 소속의 작은 수도원 수사이다. 1982년 존 메인 신부가 세상을 떠난 후부터 로렌스 프리먼 신부가 그리스도교 명상 공동체의 지도자 역할을 맡아 왔다.

우리는 성경에서 여덟 구절을 뽑아 달라이 라마 성인에게 미리 전해 드렸다. 그것은 산상수훈과 여덟 가지 복에 대한 가르침(마태복음 5장), 겨자씨의 비유와 하느님의 나라(마가복음 4장), 모습의 변화(누가복음 9장), 부활(요한복음 20장) 등이다. 우리는 달라이 라마 성인에게 이 구절들에 대해 가장 편안한 마음으로 당신의 의견과 느낌을 말해 달라고 부탁했다. 또한 청중들 대부분이 그리스도교인(로마 가톨릭교도, 영국 국교도, 개신교도)이며, 여러 대륙에서 오긴 했지만 영어를 사용한다는 것, 그리고 이들 모두가 날마다 삶 속에서 명상 수행을 실천하고 있다는 것을 미리 알려 드렸다.

달라이 라마는 종교 지도자일 뿐 아니라 한 국가의 통치권자이다. 따라서 많은 참석자들은 그분의 말씀을 듣고 싶어 하면서도, 그가 언론과 카메라와 수행원이라는 거부할 수 없는 장애물들을 뛰어넘어 과연 자신의 마음속에 담긴 진정한 생각과 느낌을 제대로 전달할 수 있을지 염려스러워했다.

그러나 그 해답은 금방 알 수 있었다. 매일 아침 식사 전에, 다시 말해 세미나가 예정된 순서대로 시작되기 전에, 달라이 라마는 동행한 티베트 승려들과 그곳에 모인 모든 그리스도교인들과 함께 어두운 방 안으로 들어가 부동자세로 30분간 명상에 잠겼다. 옷깃 스치는 소리와 헛기침만이 정적을 깨는 고요함 속에서 우리가 가졌던 염려는 멀리 달아났다. 서로에 대한 믿음, 그리고 열린 마음이 그곳에 가득했다. 그리고 마침내 그는 빡빡 민 머리를 숙여 경전을 보았고, 랍비(유대인 율법학자)처럼 손가락을 짚어가면서 한 구절씩 성경을 읽어 나갔다.

'온유한 자는 복이 있나니……. 마음이 깨끗한 자는 복이 있나니……. 의로운 행동으로 인해 핍박을 받는 자는 복이 있나니, 하늘나라가 저의 것이라…….'

그가 티베트 인의 목소리와 불교적 감성을 가지고 독특한 억양과 리듬으로 유명한 성경 구절을 읽어 나가는 순간, 청중들은 그 놀라운 힘 때문에 숨이 막히는 듯했다. 누구라도 감동을 받지 않을 수 없었다.

티베트 인들과 티베트 문화가 중국에 의해 유린당하고 달라이 라마가 망명자로서 고통받아 온 것을 생각하며, 청중들은 그 구절을 읽는 그의 목소리에 깊은 감정의 울림이 담겨 있는 것을 느낄 수 있었다. 그러나 그것만이 아니었다. 또 다른 무엇인가가 그 사흘 동안의 만남을 더욱 의미 있는 것으로 만들어 주었다. 모임에 참석한 사람들은 누구나 자신들이 지금 위대한 영적 스승의 말씀을 듣기 위해 이곳에 왔으며, 심오한 종교적 사건을 경험하고 있다는 것을 전혀 의심하지 않았다.

사실 세미나는 매우 단순하고 조촐하게 마련되었다. 엄격히 정해진 틀이나 순서 같은 것은 없었다. 분위기는 자연스럽고 소박하기 그지없었다. 세미나는 명상으로 시작되어, 달라이 라마 성인이 영어로 성경 구절을 읽고 강론하고 난 뒤, 토론자들과의 공개 토론이 있었으며, 그다음에는 모임을 끝맺는 찬송, 기도, 식사 시간이 이어졌다. 그리고 다시 침묵 명상에 들어가 앞의 순서를 되풀이했다.

하지만 아무리 이렇게 설명한들 그 모임의 분위기를 정확하고 완벽하게 전달하기는 어려우리라. 달라이 라마는 낮은 탁자를 앞에 두고 앉아 성경을 읽고 강론했으며, 그러는 동안 그의 양 옆에도 사람들이 앉아 있었다. 그의 왼쪽에는 올리베트파 베네딕도회의 흰 수사복을 입은 로렌스 프리먼 신부가 앉아 있었다. 로렌스 신부는 무엇인가를 적거나 가끔 동의의 표시로 고개를 끄덕이고, 미소를 띠거나, 때로는 장난스러운 표정을 짓기도 했다. 다시 말해 그는 무의식적으로 달라이 라마의 강의에 대해 일반 청중의 반응을 비춰 주는 거울처럼 행동했다.

달라이 라마의 오른쪽에는 게셰 둡텐 징빠라는 이름의 체구 작은 젊은이가 짙은 주황색 승복을 입고 앉아 있었다. 그는 통역을 맡은 티베트 불교 승려였다. 차분하고, 침착하며, 집중력이 있고, 믿을 수 없을 만큼 능숙한 통역 솜씨를 가진 그는 달라이 라마가 티베트어를 하는 것과 거의 동시에 유창한 영어로 통역을 해나갔다. 스승을 위해 온 신경을 기울이지만 결코 굽신거리지 않는 겸허함과 품위를 갖추고 있었다. 청중들의 마음속에 거의 완벽에 가까운 집중력과 자기를 비운 흔들림 없는 사람이라는 깊은 인상을 남겼다.

단상에 이런 식으로 자리가 배치된 때문이기도 하지만, 달라이 라마의 그 독특한 표현 방식 때문에 분명히 성인 혼자 말하고 있었음에도 사실 그것은 대화나 다름없었고, 세 사람 사이의 대화인 경우도 자주 있었다. 애초에 로렌스 신부와 통역자 징빠 스님은 강연에 끼어들 생각이 전혀 없었다. 하지만 달라이 라마가 열정적으로 고개를 이쪽저쪽으로 돌리며 반응을 구하고, 미심쩍은 단어에 대해 자문을 구하거나, 눈썹을 올려 의문을 표시하는가 하면, 너털웃음으로 그 장소의 긴장을 한순간에 풀어 버릴 때마다 두 사람은 자연히 이야기 속으로 끌려 들어갔다.

토론자들과의 공개 토론 시간에는, 청중 속에서 특별히 초대된 두 사람이 더 올라와 단상에 앉아 질문을 했다. 아무 격식 없이 소박하게 대화가 오가는 가운데 서로의 생각과 언어, 억양, 나이, 성별, 성격, 종교적 확신들이 한데 어우러졌다. 하지만 어디에도 혼란은 없었다. 불교의 대표적인 스승이자 망명자인 달라이 라마 성인은 변화에 익숙했다. 그리고 그에게는 익숙하지 않은 상황이나 갑작스러운 변화에 당황하는 서양인들의 마음을 차분히 가라앉혀 주는 뛰어난 능력이 있었다. 또한 그는 모든 위대한 스승들처럼 마음속에서 떠도는 좋은 생각들을 건져 올려 씨앗을 심듯 사람들의 마음속에 심어 주는 특별한 재능을 갖고 있었다.

달라이 라마가 무척 단순한 인간이라고 사람들은 말한다. 이것은 그에 대한 찬사의 말일지도 모른다. 그러나 한편으로는 그를 그렇게 부르는 것이 동양의 종교와 문화에 대해 우월감을 느끼는 서양인들의 그릇된 성향과 관계없다고 보기는 어렵다. 서양인들은 동양의 종교와 문화를 신비하게 여기면서도 철학적으로는 원시적이라고 무시한다. 달라이 라마가 순박하고, 직선적이며, 따뜻하고, 호감이 가는 사람이라는 점에서 그를 '단순하다'고 말할 수 있을지는 모른다. 하지만 다른 모든 면에서 그는 미묘하고, 민첩하고, 심오하며, 대단히 지성적이고, 훌륭한 지식을 갖춘 사람이다.

강연 중에 달라이 라마는 세 가지를 선물한다. 이것은 오늘날 그리스도교 안에서는 정말 찾아보기 힘든 것이어서, 청중들은 그에게 감사하는 마음을 갖지 않을 수가 없었다. 그것은 다름 아닌 '따뜻함, 명확함, 웃음'이다. 그에게서는 성 베네딕도의 모습이 느껴지는가 하면, 성 프란치스코와 같은 인품도 나타나고, 예수회 수도사의 성격도 얼핏 보인다.

달라이 라마는 처음부터 자신이 그리스도교인들의 신앙에 '의심의 씨앗을 심으려고' 온 것이 아님을 부드럽고 나즈막이 강조했다. 그 말로 성인은 청중 대부분을 차지하고 있는 그리스도교인들을 안심시켰다. 그는 사람들이 그들 자신의 종교를 보다 깊이 이해하고 음미할 수 있도록 거듭거듭 도움말을 주었으며, 인간의 감성과 문화 배경이 너무도 다양하므로 오직 하나의 '길'만이 진리의 길일 수는 없다고 지적했다.

불교와 그리스도교는 근본이 같지만 단지 서로 다른 언어로 표현되어 있을 뿐이라는 주장에 대해서 그는 부드럽지만 단호하게 반대했다. 도덕에 관해서는, 그리고 자비와 형제애와 용서를 강조한다는 점에서는 두 종교가 닮았다는 것을 그는 인정했다. 하지만 불교 교리에서는 창조주 하느님이나 혹은 인간의 모습을 하고 세상에 내려온 구세주를 인정하지 않기 때문에, 사람들이 스스로를 어설프게 '불교인이자 그리스도교인'으로 불러서는 안 된다고 경고했다. 그것은 그의 말대로 '양의 몸에 야크의 머리를 올려놓으려고' 하는 것과 마찬가지이기 때문이다.

신학적으로 복잡한 문헌을 읽고 강론하며 토론자들의 도전적인 질문에 답하는 긴 시간 내내, 달라이 라마 성인은 놀라울 만큼 끝까지 정신의 투명성과 명징함을 잃지 않았다. 이것과 관련해서 그는 대승불교의 명상 수행은 그 목적이 '산만하고 무기력하게 잠들어 있는' 우리의 의식을 일깨워 무엇인가에 완벽하게 집중할 수 있도록 하는 데 있다고 설명했다.

달라이 라마는 세미나 기간 동안 청중들에게 온전히 집중함으로써 그가 청중들을 마음 깊이 존중하고 있다는 것을 저마다 느끼게 했다. 종교계의 거인이라 할지라도 유명 인사가 자신의 손에 '미리 준비된' 연설문을 갖고 있지 않는 경우는 드물다. 아마 달라이 라마도 대부분의 경우 그렇게 할 것이다. 그러나 그는 앞에 있는 청중들과 복음서 내용에 순간순간 완전히 몰입할 수 있는 열정과 깨인 지성을 갖고 있었다. 분명히 그것은 다른 사람에게서는 쉽게 찾아볼 수 없는 능력이었다.

서로 신앙이 다른 사람들이 야크의 머리와 양의 몸을 섞지 않으면서 함께할 수 있는 일이 무엇인지 묻는 질문에, 달라이 라마는 학문적인 만남과 명상과 성지 순례를 추천했다. 그러고 나서 그는 가톨릭의 대표적인 성지인 프랑스 루르드에 갔을 때 그곳에서 정말 신성한 기운을 체험한 이야기를 했다. 그는 그 기운이 가진 치료의 힘이 영원하도록 '모든 신성한 존재들'에게 머리 숙여 기도했노라고 말했다. 이 순간 청중들이 한꺼번에 숨을 몰아쉬는 것을 들을 수 있었다. 그것은 아마도 상대방 종교에 대해 진심 어린 존경을 표시하는 불교의 순수하고 우직한 모습을 보면서 기쁘고 놀라웠기 때문일 것이다.

복음서에 나오는 '모습의 변화'에 대해 깊이 탐구하면서, 그는 기적과 초자연 현상에 대한 불교의 시각을 아주 박식하게 풀이해 나갔다. 독단에 빠지거나 감상에 젖는 기미는 어디에도 없었다. 그는 이성과 자연의 한계를 뛰어넘는 뭇 신비 현상들을 설명하는 고대의 뛰어난 학문 전통을 상기시켰다. 그러면서 겸손하게도 자신은 직접 그런 경험을 한 적이 없노라고 고백했다. 하지만 자신이 경험하지 않았다고 해서 그런 것이 존재하지 않는다고 의심하지 않았다. 그의 말을 들으니 수세기에 걸쳐 그리스도교인들이 기적에 대해 갑론을박을 벌여 오면서 그럴듯하게 설명해 놓은 수많은 내용들이 어쩐지 어리석게 느껴졌다.

요한복음의 부활 이야기 속에 나오는, 막달라 마리아와 부활한 예수님이 만나는 부분을 달라이 라마가 읽는 순간, 많은 사람들의 눈에 눈물이 맺혔다. 그 이유를 정확히 설명하기는 어려울 것이다. 나중에 몇몇 사람들은 그 구절을 마치 처음 듣는 것 같았다고 말했다. 또한 지금까지 당연하게 생각해 오던 막달라 마리아와 예수 사이의 따뜻함, 신비, 아름다움이 새롭게 다가오는 것 같았고, 그것이 마치 뜻밖의 특사가 가져다준 선물처럼 느껴졌다고 고백했다.

철학적이거나 종교적인 모순, 혹은 말로 설명하기 어려운 문제를 만나면 서양인들은 매우 심각해지는 경향이 있다. 하지만 불교인들은 이런 상황에 대처하는 다양한 방법을 알고 있음이 틀림없다. 그중에서도 모임의 분위기에 한순간 활기를 불어넣는 방법은 웃음이었다. 달라이 라마는 수도승과 티베트 고산지대에 사는 소처럼 생긴 동물 야크, 환생과 환영에 대해 농담하기를 즐겼다. 하지만 종종 토론의 흐름이 멈추면서 어딘지 모르게 어색해지는 순간 그는 몸짓과 표정으로 모두가 폭소를 터뜨리게 만들곤 했다.

세미나가 막바지에 이르러 거의 모든 사람이 너무 정신을 집중한 나머지 피곤함을 느끼기 시작했을 때, 둡텐 징빠 스님이 달라이 라마가 말한 어떤 일화를 통역하는 도중에 몸을 주체할 수 없을 정도로 폭소를 터트렸다. 젊은 승려인 징빠는 달라이 라마의 탁월한 통역자로 날마다 초인적으로 느껴질 만큼 침착성을 잃지 않고 있었다. 자신이 너무 바빠서 명상을 못한다고 말하는 사람들을 보면서 달라이 라마는 일화 하나를 얘기하고 있었다. 한 승려가 제자에게 소풍을 가겠다고 약속했지만 언제나 너무 바빠서 갈 수가 없었다. 어느 날 그들은 시신을 옮기는 행렬을 보았다. 승려가 시신을 가리키며 제자에게 묻는다. "저 사람은 어디를 가는 거지?" 그 순간 통역자 징빠 스님이 걷잡을 수 없는 웃음을 터뜨리기 시작한 것이다. 정곡을 찌르는 제자의 대답을 듣기 위해서는 통역자와 청중 그리고 14대 달라이 라마가 웃음을 멈추고 마음을 가라앉힐 때까지 적어도 5분여를 기다려야만 했다. 제자는 이렇게 대답했다. "소풍을 가는 거예요."

그리스도교인들이 세계 그리스도교를 대표하는 회의에 참석하는 일은 교회에 가는 일과 마찬가지로 결코 '소풍'이 아니다. 그러나 한편으로 축제와 찬양은 모든 종교에서 그렇듯이 그리스도교 신앙의 본질 중 하나이다. 달라이 라마의 복음서 강의를 듣는 일은 참석자 모두에게 틀림없는 하나의 축제였다.

모든 참석자는 '외부인'이 자신들에게 이토록 큰 감동을 주었다는 사실에 놀라워했고, 평생 잊지 못할 깊은 인상을 받았다. 성령이 준 권위 말고는 그리스도교인들에 대해 어떤 권한도 갖고 있지 않은 한 사람의 망명자에 불과했지만, 달라이 라마 성인은 어떤 종교이든지 그들 자신이 가진 것이 얼마나 풍요로운 것인가를 깨닫게 하는 놀라운 힘을 갖고 있었다.

（이 책에 대하여）

한 아름다운 인간과 함께
— 로렌스 프리먼 신부

티베트의 영적 지도자 달라이 라마는 1994년 9월 영국 런던에서 열린 존 메인 세미나의 주인공으로 참석했다. 이 세미나는 베네딕도 수도회의 존 메인 신부를 기리기 위해 해마다 열리는 중요한 국제 행사이다. 가톨릭 신비주의 수도자인 베데 그리피스는 존 메인 신부를 두고 오늘날 교회에서 가장 주목할 만한 영적 안내자라고 소개한 적이 있다.

달라이 라마와 존 메인 신부는 두 차례밖에 만난 적이 없다. 첫 번째 만남은 1980년 캐나다 몬트리올에 있는 가톨릭 대성당에서였다. 그 당시 그곳에서는 종교를 초월한 큰 집회가 열려 전 세계 많은 종교 지도자들이 참석하고 있었다. 존 메인 신부는 주최측으로부터 저녁 개회식에서 달라이 라마를 영접하는 일을 맡아 달라는 부탁을 받았다.

개회식을 준비하면서 존 메인 신부는 프로그램에 침묵 명상 시간을 넣을 것을 주최측에 강하게 요청했다. 그날 모임에서는 가톨릭 대주교에서 아메리카 인디언 치료사에 이르기까지 세계 각지의 종교인들이 참석해 강연을 하고 아름다운 기도문을 낭독할 예정이었다. 찬송가와 찬불가가 울려 퍼지는 가운데, 그 대성당 자체가 이미 그리스도교의 미술과 문화를 보여 주는 시각 예술의 극치였다. 행사 주최측은 그토록 다양한 사람들이 모인 공개 모임에서 20분간 침묵 명상을 갖는 것이 과연 어떤 효과가 있을지 확신할 수 없었다. 하지만 존 메인 신부는 고집을 꺾지 않았고, 끝내 뜻을 이루었다.

저녁 개회식이 끝난 뒤, 달라이 라마는 자신을 영접해 준 것에 대해 감사를 표시하기 위해 특별히 존 메인 신부를 찾았다. 둘이 만난 자리에서 달라이 라마는 침묵 명상을 화제로 꺼내며, 그리스도교 교회에서 그런 흔치 않은 경험을 한 것에 대해 깊은 인상을 받았다고 말했다. 그들 곁에 서 있으면서 나는 두 사람 사이에 정신적인 교감이 오가는 것을 깊이 느낄 수 있었다. 겉으로 보기에는 서로 형식적인 인사를 주고받는 것처럼 보였지만, 두 사람은 언어를 초월한 깊은 침묵 차원의 대화를 나누고 있었다.

존 메인 신부는 그 자리에서 달라이 라마에게 최근에 시작된 우리의 작은 베네딕도 공동체를 방문해 줄 것을 요청했다. 우리 공동체는 그리스도교 안에서 명상 수행을 하고, 또한 명상을 가르치는 것을 목적으로 하는 작은 모임이었다. 그 무렵 우리 수도원은 몬트리올 근교의 작은 주택에 있었고, 수도자들은 주위 아파트에서 생활하고 있었다. 새롭게 시도되는 이른바 도시 수도원 제도라고 할 수 있었다. 존 메인 신부가 이 새로운 형태의 영적 공동체를 시작한 것은 그리스도교 전통 안에서 명상 수행을 재발견하기 위해서였다.

수도원을 방문해 달라는 요청을 받고 중세 유럽의 수도원을 마음속에 상상하고 있을 달라이 라마가 그것에 대해 어떻게 생각할지 나는 궁금했다. 그때 늘 달라이 라마 뒤를 그림자처럼 따라 다니는 수행 비서가 끼어들어 일정이 너무 꽉 차 있기 때문에 초대를 받아들일 수 없노라고 정중하게 거절했다. 그다지 놀라운 일은 아니었다. 그런데 그 순간 달라이 라마가 비서를 돌아보며 부드러운 목소리로, 하지만 단호하게 자신이 이 초대를 받아들일 것이며, 일정을 조정해 시간을 만들라고 말했다. 달라이 라마는 고집을 꺾지 않았고, 끝내 뜻을 이루었다. 달라이 라마와 존 메인 신부는 서로 눈짓을 나눈 뒤 미소를 짓고는 헤어졌다.

그다음 주 일요일, 캐나다 왕립 경찰이 도로를 통제하기 시작한 얼마 후, 달라이 라마와 수행원들이 탄 리무진 행렬이 베네딕도 공동체가 있는 작은 집 앞에 와서 멈췄다. 성인은 우리의 작은 명상룸에서 정오 명상을 우리와 함께했다. 그리고 공동체 식구들과 한자리에서 점심을 먹었다. 우리는 평소 규칙대로 침묵 속에서 밥을 먹었다. 점심을 먹고 난 뒤 우리는 다 함께 대화를 나눴으며, 그런 다음 존 메인 신부와 달라이 라마는 둘만의 대화 시간을 가졌다.

방문의 마지막에 이르러 우리는 달라이 라마에게 《성 베네딕도의 수도 규칙》을 한 권 선물했다. 달라이 라마는 그것에 대한 답례로 존 메인 신부에게 존경의 의미가 담긴 티베트 전통의 흰색 비단 천을 선물했다(티베트 인들은 많은 경우에 도착이나 출발, 혹은 특별한 행사일 때 서로에게 흰색으로 된 긴 실크 스카프를 선물하는데, '카타'라고 불리는 이 스카프는 환영, 환대, 존경의 뜻을 담고 있다).

달라이 라마는 차를 타고 떠났다. 존 메인 신부는 그 후 계속해서 그리스도교 명상 공동체를 세우는 작업으로 돌아갔다. 그리고 두 사람은 그 1980년 가을 저녁 이후에는 이 생에서 다시는 만나지 못했다.

세월이 흘러, 우리는 1993년에 달라이 라마 성인에게 존 메인 세미나의 특별 강사로 모시고 싶다는 편지를 보냈다. 사실 그 사이에는 많은 일들이 있었다. 존 메인 신부는 1982년 56세를 일기로 아깝게 눈을 감았다. 그가 세상을 떠날 무렵 우리의 명상 공동체는 기초조차 세워지지 못한 상태였지만, 명상에 대한 존 메인 신부의 가르침은 하나둘씩 그리스도교 교회 전체에 전해지기 시작했다. 우리의 명상 공동체는 해가 갈수록 성장을 거듭해, 많은 그리스도교인들의 영적 생활에 큰 도움을 주었다. 전 세계에 스물다섯 군데의 명상 센터가 세워지고, 1천 개가 넘는 작은 명상 그룹들이 매주마다 사람들의 영적 생활을 돕기 위해 백여 나라에서 활동을 시작했다.

1991년 미국 인디애나 주 뉴하모니에서 열린 존 메인 세미나에서 종교 간 대화의 선구자인 베데 그리피스 신부의 제의로, 세계 그리스도교 명상 공동체 국제 본부가 영국 런던에 탄생했다. 세미나에서 지금까지 강사로 초청된 사람들은 산스크리트어 학자 이사벨 글로버, 철학자 찰스 테일러, 문예평론가 로버트 카일리, 성 요셉 수도회 소속 심리학자 아일린 오히아, 작가 존 토드, '라르슈' 창시자 장 바니에, 예수회 학자이며 신학자인 윌리엄 존스톤이다.

우리가 달라이 라마를 특별 강사로 초청했을 때, 놀랍고 기쁘게도 달라이 라마로부터 곧바로 답장이 날아왔다. 그는 13년 전에 있었던 존 메인 신부와의 만남을 생생히 기억하고 있었으며, 우리의 명상 공동체가 전 세계적으로 성장한 것에 대해 기쁨을 감추지 못했다. 그리고 우리의 세미나 초청에 기꺼이 응하겠노라고 말했다. 오래전 두 수도승의 짧은 만남이 우리에게 놀라운 기회를 안겨 준 것이다. 문제는 우리가 어떻게 하면 그 기회를 잘 살려내는가 하는 것이었다.

그리스도교인이 아닌 사람을 세미나 강사로 초청한 것은 달라이 라마가 처음이었다. 우리가 그분을 초청한 데는 몇 가지 이유가 있었다. 달라이 라마와 존 메인 신부의 만남은 비록 짧긴 했지만 깊은 의미를 지닌 것이었다. 그 만남은 두 종교가 보다 깊은 차원에서 대화를 나누는 일이 필요하며, 그것은 무엇보다 명상을 통해서 먼저 가능하다는 사실을 우리에게 일깨워 준 사건이었다. 깊은 침묵을 함께 나눌 때, 우리는 언어로는 결코 표현할 수 없는 어떤 것에 가까이 다가갈 수 있다.

달라이 라마는 오늘날 전 세계에서 가장 존경받고 사람들에게 가장 가까이 다가선 종교 지도자이다. 그는 티베트의 고통을 항상 짊어지고 다니면서 평화, 정의, 관용, 비폭력 등 세계 종교가 공통으로 가르치고 있는 고귀한 가치관을 자신의 몸으로 직접 실천해 왔다. 그럼으로써 그는 세계적 존재가 되었다. 이것은 세미나 첫날 그가 신약성서 마태복음의 산상수훈에 실린 '여덟 가지 복에 대한 가르침'을 소리 내어 읽는 순간 참석자들 눈에도 분명해졌다. 달라이 라마가 그 구절들을 읽자 그것들은 더 이상 단순한 언어가 아니었다. 듣는 사람들 모두가 그것을 느낄 수 있었다. 개인적인 경험을 통해 얻어진 달라이 라마 자신의 깊은 통찰이 그 구절들 속에 녹아들어 있었다.

막상 달라이 라마의 승낙을 받고 나자, 우리는 적지 않게 고민이 되었다. 이 멋진 기회를 잘 살려내기 위해 어떻게 할 것인가? 대답은 간단했다. 모든 것을 자연스럽게 흐름에 맡기도록 하자. 나에게는 이것이 다시없는 기회로 보였다. 이 세미나에서 달라이 라마는 명상 수행을 하는 그리스도교인들, 그리고 다른 종교의 수행자들과 사흘 동안 함께 시간을 보내기로 되어 있었다. 이런 시간들을 단순히 종교 간 대화의 자리로만 만들 수는 없었다. 그러기에는 너무도 소중한 기회였다.

그래서 우리는 달라이 라마에게 이 세미나에는 토론 시간과 함께 명상 시간이 포함되어 있음을 알려 드렸다. 우리는 날마다 세 차례의 명상을 할 것이고, 이 명상 시간은 세미나의 양념 역할을 하기 위한 것이 아니라 세미나 전체의 중심을 이루기로 되어 있었다. 이것이 우리의 계획이었다. 당연히 달라이 라마에게는 명상 시간이 문제 될 리 없었다.

문제는 침묵 명상 시간이 아니라, 토론의 주제를 무엇으로 정할 것인가 하는 것이었다. 처음에는 불교와 그리스도교가 대화를 나누는 세미나에서 곧잘 하듯이 철학적이고 종교적인 주제를 생각했다. 하지만 그것만으로는 이 특별한 기회를 잘 살릴 수 있을 것 같지 않았다. 그래서 우리는 정말로 자연스럽게 흐름에 맡기기로 결정했다. 그리고 우리 그리스도교인들에게 가장 소중하고 신성하고 심오한 것을 달라이 라마에게 선물로 드리기로 했다. 다름 아닌 그리스도교의 복음서에 대한 강의를 부탁하는 것이었다.

달라이 라마는 기꺼이 제안을 받아들였다. 물론 자신이 복음서에 대해 아는 것이 아무것도 없음을 고백하면서. 달라이 라마의 그 말에서 나는 그가 가진 내면의 자신감과 겸허함을 보았다.

여러 해 전 달라이 라마는 런던에서 불교 철학에 대해 해박하기 이를 데 없는 강연을 해서 청중을 놀라게 한 적이 있다. 어떤 학자라도 그만큼의 지적 성취에 이르렀다면 자부심을 가질 만했다. 그러나 이번에 모이게 될 청중은 타 종교에 대해 열린 마음과 깊은 생각을 가진 사람들이긴 해도 대부분이 그리스도교인이고, 그가 말하게 될 주제는 그가 미소를 지으며 말했듯이 그 자신이 아무것도 아는 바 없는 타 종교의 핵심 경전이었다.

일단 달라이 라마가 이 제안을 받아들이자 사람들 사이에 세미나에 대한 기대가 한순간에 커졌다. 솔직히 말해 그것은 일종의 모험이었다. 잘못하면 서로가 자신의 신앙에 상처를 입힐지도 모르는 일이었다.

하지만 우리는 달라이 라마와 명상 시간을 함께 갖는 경험만으로도 충분히 가치가 있는 일이라 여겼다. 달라이 라마와 함께 시간을 보낸 적이 있는 사람이라면 누구나 그가 그 자리에 있는 것만으로도 마음의 평화와 영적인 깊이와 존재의 기쁨이 느껴진다는 것을 알고 있었다. 하지만 달라이 라마가 그렇다 해도 우리의 세미나가 대화로서 성공할지는 누구도 보장할 수 없었다.

그러나 1994년 '선한 마음'(Good Heart)을 주제로 열린 존 메인 세미나는 어느 누구도 예상하지 못한 대성공을 거두었다. 참석자 모두가 깊은 인상과 감동을 받았으며, 저마다 삶의 변화된 순간을 경험했다. 우리는 그 감동의 순간들을 조금이라도 전하기 위해 그것을 책으로 만들기로 결정했다. 세미나가 그랬듯이, 그리스도교 복음서에 대한 달라이 라마의 강의가 이 책의 중심을 이루고 있다.

어떤 의미에서 존 메인 세미나는 여러 해 전 달라이 라마와 존 메인 신부의 만남으로부터 시작되었다고도 할 수 있다. 그 짧은 만남에서 두 사람은 강하게 서로의 현존을 느꼈다. 이 책에서 달라이 라마는 오래전 토머스 머튼과의 만남에서도 서로의 현존을 느꼈음을 고백하고 있다. 1994년 존 메인 세미나에서 의미 깊은 대화가 오갈 수 있었던 것도 바로 이 현존의 느낌이 가져다준 신비한 힘 덕분이었다. 청중들 모두는 단순히 달라이 라마의 강연만을 듣는 것이 아니라 그 자리에 있는 그의 존재를 매순간 체험할 수 있었다. 훗날 달라이 라마는 30년 전에 토머스 머튼과 대화를 나눈 이래 이 세미나 기간 중에 그리스도교에 대해 그 어느 때보다 많은 것을 배웠다고 말했다.

서로의 현존을 느끼는 일은 '선한 마음' 세미나가 우리들 그리스도교인, 불교인, 그리고 모든 종교의 신앙인들에게 일깨워준 가장 큰 교훈이다. 언어를 뛰어넘어 존재를 통해 전달되는 대화의 중요성은 그리스도교와 불교 모두 강조하고 있는 것이다.

서로의 현존, 이것을 말로 설명하기는 매우 어렵지만 우리가 대화를 나눌 때 맨 먼저 느끼는 것이 바로 그것이다. 우리는 어떻게 서로 소통하는가? 대화의 성공은 전적으로 서로의 존재를 느끼는 일에 달려 있다고 해도 틀리지 않다. 존재를 느끼는 일이 그곳에 없다면 언어만으로는 성공적인 대화를 나누기 어렵다. 그리고 이런 깨달음이 없이는 언어는 자칫 빗나가기 쉽다.

초기 그리스도교 수도생활에서 사막의 교부들은 프락티케(praktike)의 중요성을 강조했다. 프락티케란 개념에 의한 지식이 아니라 경험을 통해 얻은 지식이다. 뉴먼 추기경(1801~1890)은 경험이나 스스로의 확인 없이 '머리로 동의한' 상태에서 신앙생활을 하는 것이 얼마나 위험한가를 지적했다. 그리고 존 메인 신부는 그리스도교인이 신앙심에만 머물 것이 아니라 명상적인 차원을 회복하는 것이 무척 중요한 일임을 역설했다. 그것은 우리 자신의 경험 속에서 우리 신앙의 진실성을 스스로 증명해야만 한다는 가르침이다.

또 한 가지, 달라이 라마 성인이 믿고 있듯이, 모든 종교를 증명하고 증거하는 유일한 길은 '선한 마음'의 실천에 있다. 인간이 태어나면서부터 갖고 있는 사랑과 자비의 실천이 그것이다. 이것은 서로 다른 종교를 가진 사람들끼리의 대화에도 그대로 적용될 수 있을 것이다.

우리의 세미나가 끝나고 얼마 후, 그리스도교와 불교의 대화는 큰 장애물에 부딪쳤다. 교황 요한 바오로 2세가 베스트셀러가 된 자신의 책 《희망의 문턱을 넘어》 속에 불교에 대한 비판적인 생각을 밝힘으로써 큰 논란이 일어난 것이다. 그중 하나가 이런 구절이다.

'예수 그리스도께서는 절대적으로 창의적이고 절대적으로 독특하시다. 그분이 소크라테스와 같은 현자에 불과했다면, 그분이 모하메드 같은 예언자에 불과했다면, 그분이 부처와 같은 한낱 깨달은 자에 불과했다면, 그분이 오늘의 그분이셨을 수 없다는 것은 의심할 여지가 없는 일이다. 그분은 하느님과 인간 사이를 연결하는 유일한 다리이다.'

많은 불교 승려들과 신도들이 거세게 반발하고 나섰다. 감정은 순식간에 격해지기 마련이다. 스리랑카 불교 지도자들은 교황이 자기 나라를 방문하는 것 자체를 거부했으며, 불교의 중요한 스승인 틱낫한은 자신의 저서 《살아 계신 붓다, 살아 계신 예수》에서 그것에 대한 생각을 이렇게 밝혔다.

'이 말은 삼위가 한 분이라는 그리스도교의 깊은 신비를 반영하고 있는 것 같지가 않다. 이것은 또 예수가 사람의 아들이기도 하셨다는 사실을 반영하고 있는 것 같지도 않다. 모든 그리스도교인들은 하느님께 기도할 때 그를 아버지라 한다. 물론 예수는 독특하다. 그러나 독특하지 않은 사람이 어디 있겠는가? 소크라테스도, 모하메드도, 부처도, 여러분이나 나도 다 독특하다. 교황의 이 발언 뒤에 담긴 뜻은 두말할 필요 없이 그리스도교만이 유일한 구원의 길이고, 다른 모든 종교들은 그렇지 못하다는 것을 말하려는 것이다. 이런 태도는 대화를 불가능하게 하고, 독선적이고, 차별 의식을 조장한다. 아무 도움이 되지 않는 말이다.'

도처에서 두 종교 사이에 금이 가기 시작했다. 그러자 로마 교황청이 나서서 교황의 그 발언이 불교를 무시하고자 한 것은 아니라고 해명했다.

달라이 라마는 이 세미나에서 자신이 그리스도교 경전이나 신학에 대해 아는 바가 아무것도 없음을 고백했다. 동시에 그는 열심히 배우고자 노력하는 기색이 역력했다. 거기서 그의 아름다운 겸허함을 느낄 수 있었다. 다른 사람들 앞에서 자신이 아는 것이 없다고 고백하기란 어려운 일이다. 그렇게 되면 사람들이 그를 무시하고 그의 말에 흥미를 갖지 않기 때문이다. 그는 힘을 잃게 된다. 아는 것이 힘이라면 모르는 것은 약점일 수밖에 없다.

그러나 일단 자신의 지식에 한계가 있음을 솔직히 밝히고 나면 몇 가지 점에서 자유를 얻게 된다. 그중 하나는 신뢰이다. 듣는 이들은 자신이 설득당하거나 세뇌당할 염려가 없기 때문에 그가 말하는 것에 대해 스스로 경계심을 버리고 무장을 풀게 된다. 이때 마음을 연 대화가 가능하다.

또 한 가지는 대화가 자연스럽게 오갈 수 있다는 것이다. 학자들이 곧잘 유혹을 느끼는 것처럼 자신이 똑똑하거나 해박하다는 것을 보여 줄 필요가 없을 때, 매 순간 자신 앞에 놓여 있는 주제에 즉각적이고 신선하게 반응할 수가 있다. 달라이 라마 성인의 '선한 마음' 세미나가 바로 그러했다.

그분이 고백했듯이 달라이 라마 성인은 복음서에 '대해' 많이 알지 못했다. 하지만 그는 자신의 영적 수행과 불교 지식과 절에서의 철저한 수행 등을 통해 이미 많은 것을 알고 있었다. 그리

31

고 이 참된 지식을 통해 그는 마치 잘 아는 것처럼 그리스도교의 사상과 상징들에 대해 부족함 없이 설명할 수 있었다.

그 결과 세미나에 참석한 그리스도교인들은 한 불교 승려가 자신들이 어렸을 때부터 읽어 온 친숙한 성경 구절들을 새로운 방식으로 재발견하고 이해시켜 주는 것에 놀라지 않을 수 없었다. 달라이 라마는 자신이 사람들에게 종교를 바꾸라고 충고하지 않는다는 것을 몇 차례나 밝혔다. 그 대신 각자 자신이 믿고 있는 종교의 의미를 더 깊이 이해하고 재발견하는 일이 필요하다고 말했다. 한 불교인이 그리스도교인들의 신앙을 더 깊은 것으로 만들 수 있다는 것은 놀라운 일이 아닐 수 없었다.

그것은 우리의 대화가 무엇을 주장하기 위한 것이 아니라 탐구하는 분위기였기 때문에 가능했을 것이다. 달라이 라마는 공개 토론에서 자신에게 던져지는 질문들에 매우 진지하게 귀를 기울였다. 구태여 설명하지 않아도 청중들은 그가 진정으로 듣고 있고, 진정으로 호기심을 갖고 있으며, 진정으로 관심을 쏟고 있음을 느낄 수 있었다.

달라이 라마 성인은 참으로 많은 질문을 던졌다. 매번 강의가 시작되기 전에 나는 그분이 강의할 복음서 텍스트를 준비하면서 한 시간 남짓 조용한 방에서 그분과 함께 시간을 보내곤 했다. 그는 내가 설명해 주는 복음서 구절의 배경과 중심 되는 단어와 사상에 대해 그 어느 그리스도교인보다도 진지하게 귀를 기울였다. 설령 그가 말한 대로 복음서에 대해 아는 바가 거의 없다 해도, 놀랍도록 열려 있는 마음과 진지한 자세는 그 부족함을 채우고도 남았다. 그런 그를 지켜보면서 그레고리 성인이 베네딕도 성인을 묘사한 구절이 생각났다. 베네딕도는 다니던 학교를 그만두고 사막의 암자로 들어가 '현명한 무지'의 상태에 빠졌다고 한다.

이 책은 명상과 사랑의 표현이다. 종교가 다른 많은 사람들이 모여 이 책을 만들었다. 의미를 정확하고 분명하게 전달하기 위해 이 책을 만드는 과정에 그리스도교와 불교의 이름난 학자들이 의견을 주고받았으며, 티베트의 기도문을 번역하는 일에도 머리를 맞대고 참여했다. 우리는 이 책이 세상에서 읽히고 있는 한, 달라이 라마의 세미나가 아직도 계속되고 있다고 믿는다.

선한 마음

달라이 라마의 성경 강의

성인과의 첫 만남

런던 북부에 있는 미들섹스대학 강의실은 크거나 화려한 편이 아니었다. 오히려 약간 비좁고 답답한 느낌이 드는 그런 곳이었다. 계단식 강의실에 빼곡히 들어찬 나무 의자는 사람이 움직일 때마다 삐걱거리는 소리를 냈으며, 창문들은 회색빛 영국 하늘을 향해 열려 있었다. 창문과 창문 사이에 걸린 포스터에는 멋진 글씨체로 존 메인 신부의 말이 적혀 있었다.

　임시로 만든 소박한 강단에는 의자 서너 개, 작은 카펫, 꽃한 다발이 조촐하게 놓여 있었다. 장소 전체가 갑자기 꾸민 듯한 인상을 주었다. 마치 지난밤 한꺼번에 모든 소도구들을 그 안에 옮겨다 놓은 것 같은 분위기였다. 그런 장소에서 역사적으로 중요한 행사가 열릴 것이라고는 누구도 상상하기 어려웠다.

하지만 청중들은 기대에 부풀어 있었다. 영국인, 캐나다 인, 미국인들로 구성된 일반 청중들 사이에 오렌지색 승복을 입은 불교 승려들이 간간이 눈에 띄었다. 가볍게 물결치는 청중들 속에서 그들의 삭발한 머리가 미동도 하지 않고 있었다. 앞줄에는 검은 옷을 입은 베네딕도 수도회 소속의 신부와 수녀들이 자리하고 있고, 흰 옷을 입은 올리베따노 성 베네딕도 수도회 사람들도 그 뒤에 나란히 앉아 있었다.

이윽고 카메라와 마이크가 조정되었다. 청중들은 헛기침을 했다. 오르간이 연주되거나 풍악이 울려 퍼진 것은 아니었다. 그냥 서너 명의 사람들이 옆문을 통해 강단 위로 올라왔다. 그들 한가운데 달라이 라마 성인이 있었다. 바닥을 느낄 만큼 간편한 신발에 오렌지색 승복을 입은 성인은 환한 미소를 띠며 고개를 끄덕였다. 청중을 향해 조금은 수줍게 손을 흔들었지만, 기쁜 표정을 애써 감추려 하지는 않았다.

그는 그렇게 조용히 들어왔다. 요란스러운 입장은 어디에도 없었다. 한 사람의 불교인으로서 조용히 그곳에 도착했다. 바로 조금 전까지만 해도 그는 그곳에 없었다. 그런데 다음 순간 청중들 앞에 있었다. 바로 눈앞에.

몇 사람이 나와서 성인을 환영하는 인사를 했다. 그중에는 엔필드 시 시장도 있었다. 그녀는 자신이 시장으로 있는 이 도시를 '다양한 인종, 다양한 문화, 다양한 종교'가 어우러진 곳이라고 소개했다. 런던 북부의 교외에 있는 엔필드 시는 다양성 속에서 조화를 찾으려는 성향이 다른 어느 도시보다 강한 곳이다. 따라서 위대한 두 종교가 만나 함께 세미나를 열기에 부족함이 없었다.

시장의 인사말에 이어 베네딕도 수도회의 로렌스 프리먼 신부가 성인을 환영하기 위해 자리에서 일어났다. 세계 그리스도교 명상 공동체를 이끄는 영적 스승인 로렌스 신부는 달라이 라마를 초청한 장본인으로, 이번 세미나의 모든 진행을 맡고 있었다. 온화하고 부드러운 성품이면서도 지적이고 영적인 에너지를 강하게 풍기는 인물이었다. 그 결과 우리의 귀한 손님께서도 로렌스 신부에게 큰 관심과 애정을 갖게 되었다.

세미나가 진행되면서 청중들은 두 수도승 사이에 신뢰와 애정이 깊어져 가는 것을 느낄 수 있었다. 로렌스 신부가 인사말을 하는 동안 달라이 라마 성인은 시선을 모으고 신부의 말에 진지하게 귀를 기울였다. 성인은 자신에게 말하는 모든 사람에게 늘 그런 식으로 눈과 귀를 집중했다. 로렌스 신부는 첫 인사말에서부터 이 세미나의 주제가 서로에게서 배우기 위한 것임을 강하게 암시했다.

—

오늘 이 자리에 달라이 라마 성인을 맞이하게 되어 저로서는 큰 기쁨입니다. 우리에게서 배우고 싶다고 당신이 저에게 말했었는데, 우리 역시 당신에게서 배우려고 이 자리에 모였습니다. 그리스도교 경전의 복음서 부분을 강의해 달라는 우리의 요청을 열린 마음으로 받아 주시고, 당신이 직접 '선한 마음'이라는 주제를 정해 존 메인 세미나를 이끌어 주심을 우리는 큰 행운으로 여기고 있습니다.

그리스도교 전통 안에서 우리는 우리의 경전을 '성경'이라고 부릅니다. 왜냐하면 성경을 읽기만 해도 그 안에서 그리스도의 존재를 발견할 수 있다고 믿기 때문입니다. 성경은 인간의 말로 되어 있어 이해하기 쉽지만, 그만큼 오해하기도 쉽습니다. 그 말들은 머리가 아니라 마음으로 해석해야만 합니다. 그때 비로소 우리의 가슴은 그 말들에 담긴 참뜻을 알 수 있습니다.

우리는 마음을 닦아 진리를 깨치는 훌륭하고 오랜 역사를 가진 불교 전통을 대표하는 분이 당신이라고 알고 있습니다. 그래서 우리는 당신의 마음을 통해 우리의 성경을 읽고, 그리하여 당신과 함께 새로운 눈으로 성경을 이해하게 되기를 기대합니다.

이 세미나를 통해 그리스도교인들의 마음이 더 지혜로워질 것을 우리는 믿습니다. 마찬가지로 당신과 함께 이곳에 오신 불교인들, 그리고 모든 종교의 사람들이 다 같이 풍요로운 마음을 갖게 되기를 우리는 바랍니다.

우리는 머리와 지식으로 성경을 이해하려는 것이 아닙니다. 우리가 당신을 이 자리에 모신 것은 참된 지혜와 명상을 통해 성스러운 말들의 의미를 직접 체험하기 위해서입니다. 그리스도교 신학의 위대한 스승 토마스 아퀴나스는 말 자체가 아니라 그 말이 가리키는 실체를 믿어야 한다고 지적했습니다. 중요한 것은 경험이지 현실에서 멀어진 관념이 아닙니다. 우리는 이번 세미나 기간 동안 성인과 함께 침묵 속에 고요한 명상 시간을 가질 것입니다. 그런 명상이야말로 언어를 초월해 우리가 하나가 될 수 있는 가장 좋은 방법이라고 알고 있습니다.

존 메인 신부는 언어를 초월해 우리를 하나가 되게 하는 것이 바로 '침묵의 힘'이라고 믿었습니다. 때문에 이번 세미나에서 우리가 성인과 함께할 가장 중요한 시간은 아마도 침묵 명상 시간일 것입니다. 성경 강론 후에 달라이 라마 성인께서는 우리를 명상의 시간으로 이끌 것입니다. 그런 시간을 가짐으로써 우리는 언어를 뛰어넘어 존재의 본질에 한 걸음 더 다가설 수 있을 것입니다. 명상은 여러 가지 면에서 우리를 넉넉하게 해 줍니다. 명상을 통하면 세상에 있는 여러 경전들을 더 정확하고 더 깊이 이해할 수 있습니다.

당신이 우리 앞에 와 계신 것 자체가 이미 우리에게는 큰 선물입니다. 이제 당신이 우리의 경전에 대해 강론할 때, 당신이 우리를 향해 마음과 가슴을 열 듯이 우리 역시 당신의 존재를 향해 마음을 열고 다가갈 것입니다.

전 세계에 있는 그리스도교 명상 공동체를 대신해, 우리 모두의 마음과 가슴으로 티베트 인들을 생각하고 있음을 당신께 분명히 말씀드리고 싶습니다. 오늘 우리는 이곳에서 당신을 통해 그들을 느낍니다. 예수님의 십자가와 부활은 그리스도교 신앙의 중심입니다. 티베트 역사와 당신이 살아온 생애를 보면서 우리는 십자가와 부활이 한 종교에만 국한된 이야기가 아니라 모든 사람이 겪는 생의 본질이라는 것을 알 수 있습니다. 우리는 십자가에 못 박힌 티베트를 보았습니다. 하지만 티베트의 지혜와 가르침이 부활하는 것도 보았습니다. 특히 당신의 존재를 통해. 그것은 이 세상에 주는 큰 선물입니다.

　　우리는 진리의 신비에 마음을 열어 놓고 있습니다. 당신이 전해 줄 말씀뿐 아니라 고요한 명상을 통해서도, 의식과 빛이 가득한 세계로 들어갈 수 있게 되기를 우리 모두는 바라고 있습니다(성 요한은 '하느님은 빛이고, 하느님 안에는 어둠이 없다.'라고 말했다. 빛은 그리스도교에서 가장 많이 쓰이는 상징이며, 예수 그리스도를 '세상의 빛'으로 묘사한다. 또한 '너희는 세상의 빛이다.'에서도 알 수 있듯이 자기 안에 있는 하느님의 의식을 발견하고 그것을 밖으로 비추는 사람을 빛의 존재라 일컫기도 한다).

—

　　로렌스 신부의 인사말이 끝나자 달라이 라마는 애정 어린 말로 따뜻하게 자신을 맞아 주는 것에 대해 고맙다는 듯 환한 미소를 지었다. 청중은 뜨거운 박수를 보냈다. 이윽고 달라이 라마가 입을 열었다. 그는 영어로 연설을 시작했으며, 내용을 정확히 전달할 필요가 있을 때는 가끔씩 티베트어를 쓰기도 했다.

—

영적인 형제자매 여러분, 저를 이 아름다운 자리에 불러 주시고, '선한 마음'이라는 제목으로 존 메인 세미나를 시작하게 해 주신 것에 저는 말할 수 없이 기쁘고 행복합니다. 이 행사를 기획하고 준비하는 데 도움을 주신 모든 분들께 진심으로 감사를 전합니다.

무엇보다 엔필드 시장님의 따뜻한 환영의 말에 감사드립니다. 다양한 문화, 인종, 종교가 어우러진 이 도시에서 여러 공동체와 종교들이 서로를 이해하고 조화를 이뤄 나갈 것이라는 시장님의 말씀은 저에게 많은 용기를 주었습니다.

여러 해 전에 저는, 이미 고인이 되신 존 메인 신부를 캐나다에서 만난 적이 있습니다. 그때 저는 그리스도교 안에서 영적 수행의 한 방법으로 명상을 강조하는 훌륭한 분을 만나게 되어 깊은 인상을 받았습니다. 오늘 이 세미나의 첫날을 시작하면서, 저는 우리 모두의 마음속에서 그분을 다시 한 번 기억하는 것이 매우 중요하다고 생각합니다. 또한 이곳에서 낯익은 여러 얼굴들을 보게 되고, 옛 친구와 새로운 친구들도 만나게 되어 더없이 행복합니다.

우리가 사는 이 행성에 많은 물질적 발전이 있음에도 불구하고 인류는 너무도 많은 문제에 직면하고 있습니다. 그것들 중 일부는 사실 우리 스스로 만들어 낸 것입니다. 그것들은 우리가 어떤 마음을 갖는가와 많은 관계가 있다고 할 수 있습니다. 삶과 세상을 우리가 어떻게 바라보고 있는가. 그것에 우리의 미래가 달려 있다고 해도 틀리지 않다. 인류의 미래, 세상의 미래, 환경의 미래가 그것에 달려 있습니다.

한 개인 또는 사회 전체가 어떤 마음을 갖는가에 따라 많은 것이 달라질 수 있습니다. 개인의 삶 혹은 가족의 삶 속에서 우리가 행복한가 아닌가는 대부분 우리 자신에게 달려 있습니다. 물론 우리의 행복과 조화로운 삶을 위해서는 물질적인 조건도 중요합니다. 하지만 사람의 마음에 담긴 내용도 물질만큼, 아니 그 이상으로 중요하다고 할 수 있습니다.

이제 새로운 세기가 시작됨에 따라 이 행성의 여러 종교는 그 어느 때보다 큰 의미를 갖습니다. 하지만 이제까지 그래 온 것처럼 오늘날에도 종교가 다르다는 이유 때문에 갈등과 싸움이 계속 일어나고 있습니다. 이것은 너무도 불행한 일입니다. 이 상황을 해결하기 위해 모두가 노력을 기울이지 않으면 안 됩니다.

저의 경험으로 볼 때, 이런 갈등을 극복하는 가장 좋은 방법은 다양한 신앙과 믿음을 가진 사람들이 지적인 수준에서만이 아니라 깊은 영적 체험을 통해 자주 만나고 대화하는 일입니다. 이것이 서로에 대한 이해와 존경심을 깊어지게 하는 좋은 길입니다. 이런 만남을 자주 가질 때 믿음과 신앙이 다르더라도 조화를 이루며 살 수 있습니다.

그래서 저는 종교 간의 대화에 참석하는 것이 언제나 큰 기쁨입니다. 더구나 며칠 동안 여러분과 얘기를 나누면서 저의 신통치 않은 영어를 연습할 수 있어서 특히 행복합니다! (웃음) 인도에 있는 제 거처인 다람살라에서 몇 주 동안 은거하며 지낼 때면 그렇지 않아도 신통치 않은 영어 실력이 점점 더 형편없어지는 것을 느끼곤 합니다. 앞으로 며칠간 여러분과 영어로 나눌 대화는 저에게 훌륭한 연습 기회가 되어 줄 것입니다.

저는 이 지구 행성에서 서로 다른 종교들이 싸우지 않고 서로를 존중하는 일이 매우 중요하고 절실하다고 믿습니다. 그래서 그 방법에 대해 제가 생각한 것을 몇 가지 말씀드릴까 합니다. 첫째로, 서로를 이해하고 더 많이 알기 위해서는 종교적 배경이 다른 학자들이 자주 모임을 가져야 한다는 것입니다. 그래서 그들 종교의 같은 점과 다른 점을 토론할 수 있어야 합니다.

둘째로, 종교는 다르지만 영적으로 깊은 체험을 한 사람들의 만남을 자주 마련해야 합니다. 이들이 꼭 학자일 필요는 없습니다. 종교적 수행이 깊어져서 누구와도 깨달음을 나눌 수 있는 진정한 수행자이면 됩니다. 저 자신의 경험으로 볼 때 이것이 좀 더 깊이, 그리고 좀 더 직접적으로 서로를 이해할 수 있는 가장 좋은 길입니다.

여러분 중에는 제가 스페인의 몬세라트 대수도원(바르셀로나 근처 몬세라트에 있는 11세기에 지어진 베네딕도 수도원. 예수회 창시자인 로욜라의 성 이그나티우스가 이곳에서 군인의 신분을 버리고 개종을 했다. 전설에 따르면 예수가 최후의 만찬에 사용했다고 하는 성배와도 관계가 깊은 장소이다. 달라이 라마는 1982년 9월과 10월 사이 유럽 지역을 순회 강연하던 중에 이 수도원을 방문했다)을 방문했을 때 그곳에서 어느 베네딕도회 수도사를 만난 얘기를 이미 들은 분이 있을 것입니다. 그때 그 수도사님은 친히 저를 찾아와 주셨습니다. 그런데 그분의 영어가 나보다 더 형편없어서, 저는 더욱 용기를 내어 얘기할 수 있었습니다. 점심을 먹은 뒤 우리는 단 둘이서 만 따로 시간을 보낼 수 있었습니다. 저는 그 수도사님이 수도원 바로 뒤에 있는 산에서 몇 년을 보냈다는 사실을 알게 되었습니 다. 저는 그분께 홀로 있는 몇 년 동안 어떤 주제로 명상을 하셨는 지 여쭤 봤습니다. 그분의 대답은 아주 간단했습니다.

"사랑, 사랑, 사랑이지요."

아, 어쩌면 이렇게 아름다울 수 있을까요! 수도사님도 가끔 은 주무셨을 것입니다. 하지만 그 세월 내내 수도사님은 단지 사 랑에 대해서만 명상을 한 것입니다. 그리고 그분은 '사랑'이라는 단어에 매달려 명상하지 않았습니다. 저는 수도사님의 눈을 들 여다보면서 그 눈 속에서 심오한 영혼과 사랑의 증거를 보았습니 다. 그것은 아주 오래전 토머스 머튼 신부를 만났을 때 그분의 눈 에서 본 것과 같은 빛이었습니다(토머스 머튼은 트라피스트 수도회 의 신부이며 시인, 저술가이다. 자서전 《칠층산》을 비롯해 명상적인 기 도문과 시집, 산문집을 잇따라 발표했다. 동양의 사상과 종교에 깊은 관 심을 갖고 공부를 계속했는데, 1968년 방콕에서 열린 종교인 회의에 참 석했다가 의문의 감전사로 세상을 떠났다).

이 우연한 두 번의 만남으로 저는 이렇게 선한 사람들을 창 조하는 그리스도교의 전통과 그 능력에 대해 진정한 존경심을 갖게 되었습니다. 저는 모든 종교의 목적은 바깥에 큰 사원을 짓 는 것이 아니라, 우리들 가슴속에 선한 마음과 친절의 사원을 짓 는 것이라고 믿습니다. 모든 종교는 그 내면의 사원을 지을 능력 을 갖고 있습니다. 다른 종교가 지닌 가치와 능력에 대해 더 많이 깨달을수록 우리는 다른 종교를 더 깊이 존중하고 인정하게 됩니다. 우리는 이런 방법으로 이 별에 있는 모든 종교들 사이에 진정한 사랑과 조화의 정신을 꽃피울 수 있습니다.

학자들과 영적 체험을 한 수행자들의 만남도 필요하지만 다양한 종교 지도자들이 함께 만나는 것 역시 중요합니다. 1986년 아시시에서 열린 중요한 모임처럼 말입니다(1986년 10월 교황 요한 바오로 2세는 전 세계 종교 지도자들을 초청해 이탈리아 아시시에서 평화를 위한 기도 모임을 가졌다. 달라이 라마를 포함한 중요한 종교인들이 모두 참석해 세계 언론의 주목을 받았으며, 이를 시작으로 로마, 폴란드, 아시아에서도 여러 차례 같은 모임이 열렸다). 이것이 다양한 종교들이 서로를 인정하고 이해하는 단순하면서도 효과적인 세 번째 방법입니다.

세계 종교의 화합을 위해 네 번째로 생각해 볼 수 있는 방법이 있습니다. 서로 다른 종교와 믿음을 가진 사람들이 상대방 종교의 성지를 순례하는 일입니다. 몇 해 전에 저는 인도에서 스스로 그렇게 한 적이 있습니다. 그다음에는 프랑스의 성지 루르드와 이스라엘의 예루살렘을 여행할 기회를 가졌습니다(루르드는 남프랑스에 있는 중요한 순례지이다. 1858년 열네 살의 평범한 농부의 딸 베르나데트 수비루에게 성모 마리아가 현현하면서 유명해졌다. 몸과 마음의 병이 있는 수많은 사람들이 이곳에서 치유의 기적을 경험했다).

그곳에서 저는 다양한 종교의 신도들과 함께 기도하고 때로는 조용히 명상했습니다. 그리고 그런 기도와 명상을 하면서 진실한 영적 체험을 느꼈습니다. 저는 이것이 하나의 본보기, 하나의 선례가 되기를 바랍니다. 그렇게 하면 앞으로 사람들이 함께 여러 성지를 순례하고 서로 다른 종교를 경험하는 것이 자연스러운 일이 될 것입니다.

끝으로 저는 우리의 주제인 명상과, 나날의 삶 속에서 명상 수행을 하고 계시는 그리스도교 형제자매님에 대한 얘기로 돌아갈까 합니다. 저는 명상 수행이 말할 수 없이 중요하다고 생각하는 사람입니다. 인도에는 전통적으로 '마음을 고요하게 하는' 사마타 명상이 있습니다. 이것은 힌두교, 불교, 자이나교 등 인도의 모든 종교에서 실천하고 있는 중요한 명상입니다. 또한 이들 종교들은 '분석적인 명상'인 위빠사나 수행법도 함께 갖고 있습니다.

여러분은 '마음을 고요하게 하는' 사마타 명상이 왜 그렇게 중요한지 의문을 가질지도 모르겠습니다. 사마타, 곧 의식을 집중하는 명상은 우리의 마음을 활짝 깨어 있게 하는 중요한 수단입니다. 이 명상은 또 마음의 에너지에 통로를 열어 줍니다. 사마타 명상은 인도의 모든 종교에서 영적 수행을 위해 반드시 필요한 것으로 여기고 있습니다. 사마타 명상은 마음의 에너지에 통로를 열어 주고, 하나의 대상에 철저하게 의식을 집중하는 능력을 가져다주기 때문입니다.

만약 기도, 명상, 그리고 명상보다 약간 더 논리적이고 분석적인 묵상 등을 날마다 실천한다면 수행자의 마음과 가슴에 더 큰 울림이 있을 것이라고 저는 믿습니다. 사람이 종교 수행을 하는 중요한 목적이 있습니다. 갈피를 잡지 못하고, 무절제하고, 산만하고, 흐트러져 있는 의식 상태를 안으로부터 변화시켜 차분히 정리되고 안정감 있는 의식을 만들기 위한 것입니다. 의식을 한 곳에 집중하는 습관을 키워 온 사람이라면 분명히 그 목적에 더 쉽게 가까워질 수 있습니다. 명상을 영적 생활의 중요한 부분으로 생각하고 그것을 실천할 때 우리 모두는 더욱 쉽게 마음의 변화를 체험할 수 있습니다.

일단 명상을 통해 내면의 의식이 달라지면, 자신이 믿는 종교를 따르면서도 자연스럽게 겸허한 마음이 생겨나는 것을 느낄 수 있습니다. 그렇게 되면 여러분은 다른 종교를 가진 사람과도 쉽게 만남과 대화를 가질 수 있습니다. 다른 종교가 가진 고귀한 가치를 더 잘 이해할 수 있습니다. 자신이 믿는 종교 안에서 그런 가치를 발견했기 때문에 다른 종교의 가치를 보는 눈도 따라서 열리게 되는 것입니다.

사람들은 종종 한 종교를 믿으면서 타 종교에 대해 배타적인 감정을 느끼곤 합니다. 자신이 가는 길만이 유일한 진리의 길이라는 감정이지요. 이런 감정을 가지면 다른 종교의 사람들과 접촉하는 것을 두려워하게 됩니다. 그것에서 벗어나는 가장 좋은 방법은 명상하는 삶을 통해 자신이 현재 걸어가고 있는 길의 진정한 가치를 느끼는 것입니다. 그때 다른 사람의 길에서도 똑같이 소중한 가치를 발견할 수 있는 것입니다.

종교가 다르면서도 서로를 인정하고 조화를 이루려면 각 종교가 가진 근본적인 차이점을 아는 것이 매우 중요하다고 저는 믿습니다. 그렇게 할 때 각 종교의 가치와 그것이 가진 가능성을 깨달을 수 있습니다. 종교 분쟁과 편견을 해결하려면 모든 사람이 믿을 수 있는 하나의 보편적인 종교를 만드는 것이 가장 좋은 방법이라고 생각하는 사람들이 있습니다. 그러나 저는 늘 우리에게는 서로 다른 종교가 있어야 한다고 느낍니다. 왜냐하면 인간 존재는 매우 다양한 성향을 갖고 있기 때문입니다.

한 종교가 다양한 사람들의 욕구를 다 만족시켜 줄 수는 없습니다. 만약 이 세상에 있는 수많은 신앙들을 한 종교로 통일시키려고 한다면, 각각의 독특한 신앙들이 가진 다양성과 풍요로움도 함께 잃어버릴 것입니다.

비록 종교라는 이름 아래 이 지구별에서 자주 분쟁이 일어나곤 하지만, 다양한 종교적 전통을 그대로 지키는 것이 더 좋다고 저는 생각합니다. 그런데 사람들의 다양한 성향을 만족시켜 준다는 점에서는 종교가 하나만 있는 것보다 여럿 있는 것이 더 좋지만, 불행하게도 서로 다르다는 이유 때문에 갈등과 다툼이 생길 가능성도 커집니다. 따라서 모든 종교인들은 다른 종교를 무시하고 미워하려는 세속적이고 이기적인 마음을 넘어서서 서로 조화를 이루기 위해 노력해야 합니다.

세미나를 시작하는 데 도움이 될까 하는 마음에서 이 몇 가지 재미없는 것들을 말씀드렸습니다. 저는 지금 저에게 익숙하지 않은 경전과 사상 속으로 두근거리는 가슴을 안고 새로운 탐구 여행을 떠나는 기분입니다. 이것은 저에게는 그야말로 큰 도전이 아닐 수 없습니다. 여러분은 저에게 어려운 숙제를 내주셨고, 저는 여러분의 기대에 어긋나지 않도록 최선을 다할 작정입니다.

여러분이 성경 구절을 정해 주며 저에게 그것에 대해 강의해 달라고 요청했을 때, 저는 정말 큰 영광과 특권을 느꼈습니다. 성경에 대해 문외한이라고 스스로 인정할 수밖에 없는 저 같은 사람에게 말입니다.

또한 저는 이번이 첫 도전이라고 고백하지 않을 수 없습니다. 이 일이 성공할지 실패할지 저는 알 수 없습니다! (웃음) 하지만 어떤 경우든 최선을 다할 것입니다. 이제 우리에게 축복을 내려 줄 기원문을 몇 줄 낭독하겠습니다. 그러고 나서 우리 모두 침묵 명상에 들어가겠습니다.

—

그의 미소처럼 그의 겸손에도 꾸밈이 없었다. 청중은 가끔 웃음을 터뜨렸다. 성인의 거만하지 않은 태도에 대한 뜻밖의 놀라움, 그리고 청중의 기분을 북돋아 주는 그의 정다운 몸짓 때문이었다. 따뜻하고 인상적인 이 첫 만남을 시작으로, 이후 며칠 동안 사람들은 존경과 사랑의 분위기 속에서 생각과 느낌을 나눠 가질 수 있었다.

이윽고 강의실 불이 꺼졌다. 창문을 통해 아직 완전히 어두워지지 않은 바깥 하늘의 희미한 빛만이 스며들고 있었다. 성인께서 눈을 감고 고대의 티베트 기원문을 나즈막히 낭송하는 동안 청중은 고요히 마음을 가라앉혔다.

—

황금산처럼 빛으로 가득한 이여,
세 가지 독으로부터 자유로운
과거 현재 미래의 모든 부처들이여,
그들의 눈은 피어나는 연꽃과 같네.
그들은 세상이 받은 첫 번째 축복.

그들이 전하는 가르침은 성스럽고 변치 않으며
과거 현재 미래에서 두루 존경받고,
모든 신과 인간이 숭배하네.
그 성스러운 가르침은
모든 생명 가진 존재에게 평화를 주네.
그것은 세상이 받은 두 번째 축복.

가르침으로 가득한 성스러운 공동체는
인간들도 신들도 모두 존경하네.
그 숭고한 공동체는 소박하지만 영광이 머무는 곳.
이것은 세상이 받은 세 번째 축복.

위대한 스승이 우리 세상에 오셨네.
그 가르침은 햇빛처럼 밝게 비추고
가르침을 주는 높은 스승들은 형제자매처럼

우리와 하나가 되었네.
그 가르침이 오래도록 머물 수 있게 축복해 주소서.

—

30분 동안 침묵 명상을 한 후, 로렌스 신부가 자리에서 일어나 말했다.

—

이 첫 번째 만남을 기념하는 의미에서, 성인께서 여기 화합을 상징하는 양초에 불을 켜 주시기 바랍니다. 그리고 다른 종교를 대표하는 여러 손님들께서는 이 불을 옮겨 다른 초에 붙여 주십시오. 이 촛불들은 서로 다른 신앙들의 만남과 우정을 상징하는 것으로, 우리의 모임 내내 꺼지지 않고 타오를 것입니다(그리스도교 예배 의식에서 불은 중요한 상징이다. 가톨릭 교회의 세례식과 성찬식에서는 처음부터 끝까지 불이 타오르며, 성찬식 때 제단 위에 켜 놓는 촛불은 '세상의 빛'이신 예수 그리스도의 존재를 상징한다).

원수를 사랑하라

| 마태복음 5장 38절-48절 |

아침 강의 시간에 맞춰 달라이 라마는 약속대로 청중들 앞에 모습을 나타냈다. 그는 마태복음에 있는 구절을 강의하기 앞서 몇 가지 서론에 해당하는 말을 했다. 이번 세미나가 진행되는 동안 그는 자신의 목적이 이곳에 모인 그리스도교인들을 불교로 개종시키려는 것이 아니라, 성경 복음서에 대한 한 불교 승려의 견해를 보여 주기 위한 것임을 거듭 강조했다.

—

이 대화의 자리는 세계 그리스도교 명상 공동체가 마련한 자리이고, 이곳에 참석한 청중들도 주로 그리스도교 전통 안에서 신앙생활과 수도생활에 자신을 바쳐 온 수행자들입니다. 따라서 저도 이런 청중을 우선적으로 염두에 두고 얘기할 것입니다.

저는 그리스도교 수행자들이 불교 철학에 깊이 몰두하지 않고서도 쉽게 받아들일 수 있는 불교 명상과 수행에 대해 말하고자 합니다. 두 종교가 가진 더 깊고 형이상적인 차이점이 있겠지만, 그것에 대해서는 공개 토론 시간에 어느 정도 대화가 오갈 수 있을 것입니다.

저의 관심은 오직 이것입니다. '그리스도교 수행자들에게 도움이 될 수 있는 길이 무엇일까?' 저는 결코 어느 한 사람이라도 그리스도교인의 마음에 의심과 혼란의 씨앗을 뿌리고 싶지 않습니다. 이미 말씀드렸지만 저는 오늘날에도 이 세상에 다양한 종교가 존재하는 것이 훨씬 의미 있는 일이라고 확신하고 있습니다. 세상의 종교들 속에는 저마다 우리가 순수하게 이해할 수 있는 공통된 언어와 메시지가 있습니다. 그것이 지금까지 저의 경험입니다.

저는 사람들이 자신의 문화유산으로 이어받은 종교를 꾸준히 믿는 것을 좋게 생각합니다. 물론 자기 영혼의 요구에 더 절실히 와닿는 새로운 종교를 발견할 수도 있습니다. 그렇다면 누구나 그 종교로 바꿀 권리가 있습니다. 하지만 일반적으로 말해, 자신이 몸담고 살아온 종교적 전통에서 삶의 가치를 발견하는 것이 더 좋다고 저는 생각합니다.

여기 자신의 종교를 바꾸려는 사람에게 일어날 수 있는 곤란한 예가 하나 있습니다. 1960년대에 한 티베트 인 가족이 살고 있었습니다. 가족의 아버지가 세상을 떠나고 난 얼마 후에 어머니가 저를 찾아왔습니다. 그분은 다음 생을 생각한다면 당연히 불교인으로 남고 싶지만, 한 번의 생만을 생각한다면 그리스도교인이 되고 싶다고 말했습니다. 정말 복잡하더군요! (웃음)

당신이 그리스도교인이라면 그리스도교를 통해 영적인 성장을 이루는 것이 좋습니다. 훌륭하고 진정한 그리스도교인이 되는 것이 좋습니다. 만약 당신이 불교인이라면 순수한 불교인이 되십시오. 제발 반씩 섞어서 믿지는 마십시오! (웃음) 그저 마음만 혼란스러울 뿐입니다.

성경을 말하기 전에, 저는 명상에 대해 먼저 말하고자 합니다. 티베트에서는 명상을 '곰'이라고 합니다(티베트에서는 절을 '곰빠'라고 함). '곰'이란 어떤 정해진 수행이나 대상에 계속해서 가까워지는 것을 말합니다. 점점 가까워지는 것이 그 핵심입니다. 왜냐하면 어떤 정해진 대상에 점점 가까워질수록 그 사람의 정신도 수준이 높아지기 때문입니다. 그러므로 내면의 변화 혹은 정신적인 경지에 이르기를 바란다면 끊임없이 명상 생활을 하고 마음을 단련하는 길밖에 없습니다.

크게 말해서 티베트 전통에는 두 가지 중요한 명상법이 있습니다. 하나는 어느 정도의 분석과 논리적인 사고를 이용하는 명상입니다. 이것을 우리는 분석적 명상 혹은 사색적 명상이라고 부릅니다. 또 다른 명상은 좀 더 생각을 잊고 몰입하는 방법으로, 이것이 흔히 말하는 집중 명상입니다.

예를 들어 여러분이 그리스도교를 믿으면서 사랑과 자비에 대해 명상한다고 합시다. 이때 분석적인 명상을 한다면 여러분은 당연히 다음과 같은 방향으로 생각할 것입니다. 하느님을 진정으로 사랑하기 위해서는 먼저 이웃에 대한 진실한 사랑을 실천해야 하고, 그것을 통해 하느님에 대한 사랑을 드러내야 한다고 말입니다.

　　어떤 사람은 예수 그리스도의 삶에 대해 명상할 수도 있습니다. 예수께서는 어떤 생애를 사셨는가? 다른 생명 가진 존재들을 돕기 위해 무슨 일을 하셨는가? 예수님은 어떤 행동으로 자비로운 삶을 보여 주셨는가? 이것에 대해 깊이 사색하는 것입니다. 이런 과정이 바로 사랑에 대해 분석적으로 명상하는 일입니다. 참는 마음과 받아들이는 마음에 대해서도 비슷한 방식으로 명상할 수 있습니다.

　　이런 지적 성찰을 통해 여러분은 자비와 인내가 중요하고 가치 있다는 것을 마음 깊은 곳으로부터 확신할 수 있습니다. 일단 여러분이 자비와 인내의 필요성과 소중함을 굳게 확신하는 단계에 이르면, 마음속으로부터 차츰 변화가 일어나는 것을 느낄 수 있습니다. 이때가 되면 더 이상 분석하지 말고 오로지 그 확신에 마음을 붙들어 매야 합니다. 흔들림 없이 마음을 그곳에 집중해야 합니다. 이것이 자비에 대한 집중 명상입니다. 이처럼 하나의 명상을 하는 과정에서 두 가지 방법을 다 사용할 수 있습니다.

　　이 명상법들을 통해 우리 안에 있는 자비심을 더욱 키워 나갈 수 있습니다. 그것은 무엇 때문일까요? 자비심이라는 것 자체가 우리가 마음먹기에 따라 얼마든지 키워 나갈 수 있는 감정이기 때문입니다.

감정에는 대체로 두 가지가 있습니다. 첫 번째는 좀 더 본능적이고, 이성과는 관계가 없는 감정입니다. 두 번째는 자비와 인내심처럼 본능적이라기보다는 이성과 경험이 바탕이 된, 좀 더 건강한 감정입니다. 왜 그 감정을 키워야 하는가에 대해 논리적으로 잘 알고 또 그것이 좋다는 걸 확신하게 되었을 때, 여러분 마음속에서 그 감정이 더욱 커질 수 있습니다.

우리는 여기서 차가운 지성과 뜨거운 가슴이 하나로 만나는 것을 보게 됩니다. 자비심은 가슴에서 나오는 뜨거운 감정입니다. 하지만 그것을 키우는 데는 이성을 바탕으로 한 분석적 명상을 이용할 필요가 있습니다. 따라서 명상이 깊어져 자비의 감정이 커졌을 때, 여러분은 자신의 내면에서 지성과 감정이 완전하게 결합한 상태를 경험할 수 있습니다.

이 두 가지 방식의 명상을 좀 더 자세히 살펴보면 그 안에서 많은 것들을 발견할 수 있습니다. 예를 들어 여러분은 유일한 창조주에 의해 창조되었으므로 우리 모두가 순수한 형제자매라고 생각할 수 있습니다. 이것은 논리적으로 분석을 해서 어떤 결론에 이르는 과정입니다. 다시 말해 여러분 개개인이 분석의 주체가 되어, 어떤 생각이나 개념에 몰두하는 것입니다.

하지만 여러분이 일단 그 분석을 거쳐 의식이 한곳에 집중하는 상태에 이르면, 다시 말해 내면의 변화가 일어나 마음 안에 자비심이 충만하게 되면, 그때는 명상하는 마음이라든가 명상의 대상이라든가 하는 것이 더 이상 존재하지 않게 됩니다. 그 대신 자비심이라는 형태로 마음이 새로 태어납니다.

그럼 명상에 대한 간단한 서론은 여기까지 하겠습니다. 이제 복음서의 말씀을 읽겠습니다.

또 눈에는 눈으로, 이에는 이로 갚으라는 말을 너희가 들었으나, 나는 너희에게 이르노니 너희를 괴롭히는 자에게 대항하지 말라. 누구든지 네 오른편 뺨을 치거든 왼편도 돌려 대며, 또 너를 고소하여 속옷을 갖고자 하는 자에게는 겉옷까지도 갖게 하라. 또 누구든지 너를 억지로 오 리를 가게 하거든 그 사람과 십 리를 동행하라. 네게 구하는 자에게 주며, 네게 꾸고자 하는 자에게 거절하지 말라.(마태복음 5장 38절-42절)

참고 인내하고 받아들이는 마음을 실천하라고 이 구절은 말하고 있습니다. 이것은 불교에서 널리 가르치는 자비 혹은 인내의 실천과 너무도 비슷합니다. 특히 대승불교의 가르침과 아주 흡사합니다. 피해를 입힌 사람에게 비폭력과 자비의 마음을 갖고 대응하도록 가르치는 '보살의 계율'이 그것입니다. 실제로 복음서의 이 구절을 불교 경전에 살짝 끼워 넣는다 해도 아무도 그것이 성경에서 가져온 말씀이라는 사실을 모를 정도입니다.

또 네 이웃을 사랑하고 네 원수를 미워하라는 말을 너희가 들었으나, 나는 너희에게 이르노니 너희 원수를 사랑하며 너희를 핍박하는 자를 위해 기도하라. 이같이 하면 하늘에 계신 너희 아버지의 아들이 되리라. 하느님은 해를 악인과 선인에게 고루 비추시며, 비를 의로운 자와 불의한 자에게 고루 내리는 분이시라. 너희가 너희를 사랑하는 자만을 사랑한다면 무슨 상을 기대할 수 있겠느냐. 세리도 이와 같이 하느니라. 또 너희가 너희 형제에게만 인사한다면 남보다 나을 것이 무엇이냐. 이방인들도 이같이 하느니라. 그러므로 하늘에 계신 너희 아버지의 선함이 무한하듯이 너희의 선함도 끝이 없게 하라.(마태복음 5장 43절—48절)

이 구절을 읽으니 《대승집보살학론》(대승불교에 몸담은 수도자가 배워야 할 내용을 여러 경전에서 인용해 간단한 설명과 함께 엮은 책으로, 7~8세기경 샨티데바의 작품)으로 알려진 대승불교 경전의 한 구절이 생각납니다. 그곳에서 샨티데바는 이렇게 묻고 있습니다.

"적에게 자비를 베풀지 않는다면 그대는 도대체 누구에게 자비를 베풀 수 있겠는가?"

이 말이 뜻하는 것은, 동물조차도 자기가 좋아하는 대상에게는 사랑과 자비와 동정의 감정을 보인다는 것입니다. 스스로를 정신적인 수도자이며 영적인 길을 가는 사람으로 내세운다면, 동물보다는 더 낫게 행동할 수 있어야 합니다.

복음서의 이 구절은 대승불교의 또 다른 경전 《입보리행론》(대승불교에서 깨달음을 구하는 사람들을 위한 실천적 교훈을 설한 작품으로, 역시 7~8세기경에 샨티데바가 썼음)을 생각나게 합니다. 그곳에서 샨티데바는 적에게 바른 마음 자세를 갖는 것이 아주 중요하다고 말합니다. 만약 여러분이 바른 마음 자세를 간직할 수 있다면 여러분의 적은 가장 훌륭한 정신적인 스승이 될 것입니다. 왜냐하면 적이 존재하기 때문에 참을성과 너그러움과 이해하는 마음을 키울 수 있기 때문입니다.

너그러움과 참을성이 커지면 자비로운 마음을 더 쉽게 가질 수 있습니다. 타인을 먼저 생각하는 사람이 될 수 있습니다. 따라서 여러분 자신의 영적 수행에도 적의 존재는 결정적인 역할을 한다고 말할 수 있습니다.

'해는 비추는 곳을 가리지 않는다.'라는 복음서 말씀에 담긴 의미는 매우 중요합니다. 해는 만물을 비추며 어떤 차별도 두지 않습니다. 이것은 자비에 대한 더없이 훌륭한 비유입니다. 이 표현에서 우리는 모든 것을 아무 차별 없이 포용하고 받아들이는 자비의 특성을 알 수 있습니다.

저는 이 구절을 읽으면서 예수님의 복음서가 특히 강조하고 있는 것이 무엇인지를 느꼈습니다. 그것은 모든 생명에게 사랑을 베풀고 차별하지 않는 마음을 가지라는 것입니다. 제 생각으로는 모든 존재, 특히 적에게 사랑을 베풀 능력을 가지려면 먼저 모든 것을 평등하게 바라보는 일이 중요합니다. 누가 여러분에게 적을 미워하지 말라고 하거나 적을 사랑하라고 말합니다. 그런 말 한 마디로 여러분의 마음이 금방 바뀌지는 않을 것입니다. 자신을 해치려는 사람에게 적개심을 품고, 자신을 사랑하는 사람에게 애착을 느끼는 것은 우리 모두에게 너무나 당연한 일입니다.

그것은 자연스러운 인간의 감정입니다. 따라서 이 본능적인 좁은 생각을 보다 넓은 평등심으로 변화시킬 수 있는 효과적인 방법이 있어야만 합니다.

　　생명 가진 모든 존재를 향해 차별 없는 평등한 마음을 더 많이 가질 수 있는 특별한 방법이 있습니다. 예를 들어 불교의 시각에서는 윤회와 환생을 생각하는 것이 평등심을 갖는 데 큰 도움이 됩니다. 반면에 지금 우리가 살펴보고 있는 것처럼 그리스도교인들이 평등한 마음을 키우려고 한다면 창조론을 떠올려 볼 수 있을 것입니다. 모든 존재는 하느님에 의해 창조되었기 때문에 모두가 평등하다는 믿음입니다. 이런 믿음이 마음속에 자리 잡는 순간 평등한 마음이 싹트기 시작합니다.

　　오늘 아침 모임이 있기 바로 전에 저는 로렌스 신부님과 간단한 대화를 나눴습니다. 신부님은 모든 인간이 하느님의 형상으로 창조되었다는 그리스도교 신학의 믿음을 말씀해 주셨습니다. 우리 모두는 똑같은 신성을 갖고 있다는 믿음입니다. 저는 이것이 불교에서 말하는 불성의 개념과 아주 비슷하다는 것을 알았습니다. 모든 인간이 똑같은 신성을 갖고 있다고 믿는다면, 모든 존재를 향해 진정으로 평등한 마음을 갖지 못할 이유가 없습니다.

　　하지만 평등하고 평정한 마음을 갖는 것이 우리의 궁극적 목표여서는 안 됩니다. 미워하는 사람이든 사랑하는 사람이든 아무 느낌이나 감정의 흔들림이 없는 완전히 냉정한 마음을 추구하는 것이 우리의 목표는 아닙니다. 그것은 우리가 이루려고 하는 것이 아닙니다. 우리가 간절히 이루고자 하는 것은 먼저 밭을 만드

는 일입니다. 다른 생각들을 심을 수 있는 깨끗한 들판을 만드는
일입니다.

평등심이 바로 우리가 첫 번째로 다듬는 고른 들판입니다.
이 평등심을 바탕으로 우리는 모든 사람에게 관용과 인내와 사
랑, 자비를 베푸는 일이 얼마나 좋은 일인가를 명상해야 합니다.
또한 자기중심적인 생각과, 친구와 적에 따라 완전히 달라지는
감정이 우리에게 가져다주는 손해와 부정적인 면을 잘 따져 봐야
합니다. 다른 존재들에 대해 갖는 편견이 얼마나 잘못된 일인가
를 명상해야 합니다.

가장 중요한 것은 모든 것의 근본이 되는 이 평등심을 어떻
게 이용하는가 하는 것입니다. 먼저 미움과 분노가 갖는 부정적
인 면에 대해 명상할 필요가 있습니다. 왜냐하면 이 감정들은 자
비와 사랑의 능력을 키우는 데 가장 큰 걸림돌이 되기 때문입니
다. 또한 참고 인내하는 마음을 키움으로써 얻게 되는 장점과 미
덕에 대해 깊이 사색해야 합니다.

그리스도교 입장에서 본다면 굳이 부활에 대한 믿음을 끌어
오지 않아도 그것이 가능할 것입니다. 예를 든다면 참고 인내하
는 마음이 갖는 장점과 미덕에 대해 여러분은 다음과 같은 방향
에서 생각할 수 있을 것입니다. 하느님은 한 인간으로 당신을 창
조하셨고, 창조주의 바람에 따라서 행동할 자유를 당신에게 주셨
습니다. 윤리적이고 도덕적으로 행동할 자유, 도덕적으로 잘 훈
련된 삶을 살아갈 자유, 책임감 있는 개인이 될 자유를 주셨습니
다. 함께 사는 생명들에게 사랑을 베풀고 인내를 보일 때 여러분

은 창조주의 뜻에 맞게 살고 있는 것입니다. 바로 하느님을 기쁘게 하는 것입니다. 어떤 면에서 그것은 여러분이 신성한 하느님에게 바칠 수 있는 최고의 선물이자 최고의 제물입니다.

불교에는 '행공양'(티베트어로는 두파 쵸파)이라고 부르는 것이 있습니다. 여러분이 숭배하는 자에게 바칠 수 있는 제물에는 여러 가지가 있습니다. 물질적 제물, 찬양의 노래, 그밖에도 여러 선물이 있을 수 있습니다. 그러나 그 모든 것들 중에서 여러분이 바칠 수 있는 최고의 제물이 있습니다. 그것은 그 숭배자가 바라는 원칙대로 삶을 사는 일입니다.

그리스도교 관점에서는, 여러분이 사랑과 인내를 마음속에 간직하고 윤리적으로 성숙한 인생을 산다면 그것 또한 하느님에게 훌륭한 선물을 바치는 것입니다. 어떤 의미에서 이것은 여러분이 밤낮 없이 오직 기도에만 매달리는 것보다 더 효과가 있습니다. 여러분이 말로만 기도하고 그것에 따라 살지 않는다면 그것은 별로 은혜가 되지 않습니다.

티베트 불교에 위대한 요가 수행자로 밀라레파라는 분이 있습니다. 영적 체험에 대한 그분의 노래 중에 이런 구절이 있습니다.

'물질을 바쳐야 한다면 나는 너무나 가난하다. 나에게는 바칠 것이 아무것도 없네. 내가 가장 많이 바쳐야 할 것은 내 자신의 영적 수행뿐. 그것이 가장 큰 제물이라네.'

인내심이 많고 마음이 넓은 사람은 대개 그렇지 않은 사람보다 평온하고 고요한 삶을 산다는 것을 우리는 알 수 있습니다. 그런 사람은 더 많이 행복하고 감정적으로도 더 안정되어 있을 뿐 아니라, 몸도 더 건강해서 병에 잘 걸리지 않습니다. 그런 사람은 의지가 강하고, 식욕이 왕성하며, 맑은 정신으로 잠을 잘 수 있습니다. 참는 마음과 너그러운 마음은 이렇게 일상생활에서도 많은 도움을 줍니다.

제가 가진 근본적인 확신 하나는 인간은 누구나 기본적으로 자비와 애정을 갖고 있다는 것입니다. 인간의 본능은 기본적으로 부드럽고 선하며, 공격적이거나 폭력적이지 않습니다. 이것은 모든 인간이 똑같은 신성을 갖고 있다는 로렌스 신부님의 말씀과 일치하는 생각입니다.

또한 우리의 마음 혹은 의식이 몸과 어떤 관계인가를 살펴봅시다. 건강한 태도와 감정, 그리고 자비와 인내와 용서로 가득한 마음을 가지면 몸도 따라서 건강하고 편안해집니다. 이런 감정들은 몸을 행복하게 해 줍니다. 한편 부정적이고 불건전한 태도와 감정들, 이를테면 분노와 미움과 혼란스러운 정신 상태 등은 건강을 해칩니다. 저는 인간의 본능은 이 둘 가운데 건강한 태도와 감정에 더 가깝다고 주장하고 싶습니다.

인내하는 마음과 너그러운 마음이 갖는 미덕에 대해 깊이 명상하고 그런 마음으로 자신의 내면을 가득 채워야겠다고 확신한다면, 인내와 관용에도 여러 종류와 차원이 있음을 알아야만 합니다.

불교 경전에서는 세 가지 종류의 인내와 용서를 설명하고 있습니다. 첫 번째는 단호하게 무관심한 태도를 보이는 것입니다.

이런 사람은 고통과 괴로움을 얼마든지 참아 낼 수 있으며, 결코 그것들에 끌려다니지 않습니다. 이것이 첫 번째 차원입니다.

두 번째 차원은 고통을 참아 낼 수 있을 뿐 아니라, 영적 수행을 하는 과정에서 시련과 고통과 고난을 겪을 필요가 있다면 언제든 이를 맞아들일 준비가 되어 있는 사람입니다. 심지어 그 고통을 기꺼이 떠맡으려 합니다. 좀 더 높은 목적을 위해 스스로 원해서 시련을 받아들이는 것입니다.

세 번째는 진리에 대한 건강한 확신에서 생겨나는 인내와 용서입니다. 그리스도교 관점에서 본다면, 이런 차원의 인내는 하느님에 의한 창조의 신비를 굳게 믿음으로써 생겨날 것입니다.

이처럼 세 가지 차원으로 인내와 용서를 구별하는 것은 불교 경전에 해당하는 이야기지만, 그리스도교에도 마찬가지로 적용될 수 있을 것입니다. 특히 두 번째의 인내와 용서는 그리스도교에 잘 맞는다고 저는 생각합니다. 영적인 수행을 하면서 마주치는 시련과 고통을 일부러 짊어지는 일입니다. 이것은 바로 뒤에 나오는 마태복음의 '여덟 가지 복에 대한 가르침'에서도 알 수 있습니다.

마음이 가난한 자에게 복이 있나니

| 마태복음 5장 1절 - 10절 |

예수께서 무리를 보시고 산에 올라가 앉으시니 제자들이 앞으로
나아왔다. 그러자 예수께서 말씀하셨다.

> "마음이 가난한 자는 복이 있나니
> 하늘나라가 저희 것이요,
> 슬퍼하는 자는 복이 있나니
> 저희가 위로를 받을 것이요,
> 온유한 자는 복이 있나니
> 저희가 땅을 소유하게 될 것이요,
> 의로움에 굶주리고 목마른 자는 복이 있나니

저희가 배부를 것이요,

남을 불쌍히 여기는 자는 복이 있나니

저희가 불쌍히 여김을 받을 것이요,

마음이 깨끗한 자는 복이 있나니

저희가 하느님을 볼 것이요,

평화를 만드는 자는 복이 있나니

저희가 하느님의 아들이라 일컬음을 받을 것이요,

의로운 행동으로 인해 핍박을 받는 자는 복이 있나니

하늘나라가 저의 것이라."(마태복음 5장 1절 - 10절)

산상수훈에 나오는 이 '여덟 가지 복에 대한 가르침'을 읽을 때 저의 마음속에 가장 먼저 떠오르는 것이 있습니다. 그것은 영적인 길을 가면서 고난과 시련을 기꺼이 받아들이는 사람들은 결국은 자신들의 헌신적 행동에 대해 보상을 받게 된다는 것입니다. 이 복음서 구절은 바로 그 간단한 사실을 우리에게 일깨우고 있습니다.

영적인 가르침들은 한결같이 말하고 있습니다. 고난과 시련과 고통을 받아들여야 한다고. 그러나 이것을 고통이 아름다운 것이며, 우리 모두 고통을 찾아나서야 한다는 뜻으로 잘못 해석해선 안 됩니다. 말할 필요도 없이 저는 그런 의견에 찬성하지 않습니다. 개인적으로 저는 모든 존재는 행복을 추구하고 있다고 믿습니다. 모든 존재는 만족과 성취감을 원합니다. 하지만 우리는 삶 속에서 어쩔 도리 없이 고난과 시련과 괴로움을 겪지 않을 수 없습니다. 그것이 우리의 삶입니다. 그러므로 그 고통들로부터 무엇인가를 얻으려 한다면 그것들에 현실적으로 대처하는 마음 자세를 갖는 것이 필요합니다.

고통을 잘 들여다봅시다. 그러면 어떤 고통은 해결책이 있어서 그것을 이겨 낼 수 있다는 것을 알 수 있습니다. 일단 그 고통이 이겨 낼 수 있는 것임을 알게 되면 우리는 그 고통을 해결할 방법을 찾아야 합니다. 하지만 삶 속에는 우리 힘으로는 피할 수도 없고 이겨 낼 수도 없는 고통들이 있습니다. 이 불가피한 고통의 경우에는 그 고통에 평온하게 대처할 수 있어야 합니다. 그러기 위해서는 마음 자세가 중요합니다.

마음을 훈련시키면 여러분은 어려운 일이 일어난다 해도 평화로운 마음으로 그 어려움을 받아들일 수 있습니다. 그 마음 자세가 몸으로 느끼는 고통을 덜어 줄 수는 없을 것입니다. 하지만 고통에 대항해 싸우느라 불필요하게 더 많은 심적 고통을 느끼는 것은 막아 줄 것입니다.

고통에 대처하는 가장 효과적인 방법 중 하나는 불교 경전 《입보리행론》에 나와 있습니다.

'어떤 문제가 있는데 만약 그것에서 벗어날 방법과 해결책이 있다면, 그것에 대해 아무런 걱정을 할 필요가 없다. 반면에 벗어날 길도 해결책도 없다면, 이 또한 걱정할 게 없지 않은가!'

성경에 실린 여덟 가지 복에 대한 가르침은 또 한 가지 사실을 우리에게 일깨워 주고 있습니다. 그것은 우리의 삶을 근본적으로 지배하고 있는 인과법칙입니다. 물론 성경을 해석하는 데 불교에서 쓰는 산스크리트어 말인 카르마(업)를 적용하기는 어려울 것입니다. 하지만 이 구절에는 카르마 원리의 바탕이 되는 일반적인 인과법칙이 아주 분명하게 담겨 있는 듯합니다. 이 구절은 말하고 있습니다. 여러분이 어떤 방식으로 행동을 하면 그것에 따른 특정한 결과를 얻게 되며, 만약 그렇게 행동하지 않으면 그런 결과는 얻지 못하리라는 것입니다. 따라서 이 가르침에는 인과법칙이 분명히 들어 있다고 말할 수 있습니다.

세계의 모든 종교들이 윤회 사상과 관련된 인과론을 받아들이고 있는 것은 아닙니다. 하지만 어떤 종교이든 공통적으로 인과법칙에 바탕을 둔 핵심 메시지를 전하고 있습니다. 다시 말해 여러분이 선을 행하면 좋은 결과를 얻고, 악을 행하면 좋지 못한 결과를 얻으리라는 것입니다. 이런 윤리적 메시지는 모든 종교의 근본입니다.

조금 벗어난 이야기지만, 그리스도교 경전과 불교 경전은 때로 놀랄 만큼 비슷한 형식으로 이야기를 시작하고 있습니다. 그것을 발견하는 것도 매우 흥미 있는 일입니다.

여덟 가지 복에 대한 가르침에서 복음서는 '예수께서 무리를 보시고 산에 올라가 앉으시니……'라는 말로 시작하고 있습니다. 불교인들의 성경이라고 할 수 있는 몇 편의 불경들도 이 구절과 아주 비슷한 방식으로 시작합니다. 불교 경전들은 '어떤 때에 부처님께서 이러이러한 장소를 방문하시자, 많은 제자들이 그분을 에워쌌으며, 그때 그분께서는 자리에 앉아 가르침을 주시기 시작했다'라고 말하고 있습니다. 이렇게 두 경전이 비슷한 방식으로 이야기를 시작하는 것을 발견하는 것도 흥미로운 일이 아닐 수 없습니다.

여기 이 성경 구절에서 가장 어려운 개념은 신성한 존재, 곧 하느님의 개념입니다. 저희 불교인에게는 하느님의 개념을 이해하는 일이 매우 어렵습니다. 물론 이 개념을 설명이 불가능한 어떤 것, 언어와 생각을 뛰어넘은 어떤 것이라고 이해할 수도 있을 것입니다. 어쨌든 신학적 차원에서 볼 때, 바로 이 하느님과 창조의 개념에서부터 그리스도교와 불교의 차이가 생긴다고 인정하지 않을 수 없습니다. 그러나 저는 누구나 이 개념을 받아들일 수 있는 합리적인 설명이 불교와 그리스도교 양쪽 모두에 공통으로 존재한다고 믿습니다.

이를테면 우리 주변에서 일어나는 자연 현상의 본질을 살펴본다고 합시다. 그러면 우리는 상식적으로 모든 사건에는 원인이 있어야 한다는 결론을 얻게 됩니다. 한 사건이 일어나려면 반드시 그것이 일어나기 위한 조건과 원인이 존재해야만 합니다. 이것은 개인적인 삶뿐만 아니라 광대한 우주 전체에 대해서도 진리입니다. 상식적으로 우주와 개인을 막론하고 원인 없는 결과는 있을 수 없습니다.

그러므로 이런 질문을 할 수 있을 것입니다. 만약 그것이 사실이어서 우리가 존재하는 것도 어떤 원인이 있어서이고 우주가 존재하는 것도 어떤 원인 때문이라면, 그 원인은 과연 어디서 오는 것일까? 그리고 그 원인 또한 반드시 또 다른 원인이 있기 때문에 생겨난 것이 아닐까? 이렇게 우리는 꼬리에 꼬리를 무는 의문에 빠지게 됩니다.

이 끝없는 문제를 해결하려면 모든 것의 기원이 되는 창조주를 가정하면 될 것입니다. 그리고 그 창조주의 속성에 대한 몇 가지 사실들을 받아들이면 됩니다. 다시 말해 창조주는 누구에게도 의존하지 않고 스스로 태어났으며, 전능한 능력을 가졌고, 다른 어떤 원인도 필요하지 않다고 말입니다. 이렇듯 모든 것의 기원이 되는 어떤 절대적인 시작을 인정하면 원인에 대한 끝없는 의문이 자연스레 해결됩니다.

그런 창조주를 가정한다고 합시다. 그런 다음 빅뱅으로부터 시작된 진화의 과정과 우주의 모든 신비를 살펴봅시다. 그러면 창조주를 전지전능한 신으로 여기는 것이 정말 당연한 일로 여겨질 것입니다. 여러분이 우주를 공부해 본다면, 우주가 완전한 혼돈 속에 있거나 제멋대로 움직이는 것이 아님을 금방 알 수 있습니다. 우주의 운행에는 누구도 부정할 수 없는 질서와 인과법칙이 있습니다. 이것을 알면 다시 한 번 창조주가 전능한 신이라는 것을 인정할 수밖에 없습니다. 마치 그 모든 과정과 절차를 창조주가 미리 계획한 것처럼 말입니다.

이 관점에서 본다면 모든 피조물은 어떤 점에서는 그 신성한 힘의 표현입니다. 창조주는 절대적 존재이지만, 창조 그 자체는 상대적이고 덧없는 것이라고 말할 수도 있겠습니다. 창조주는 영원하고 궁극적인 진리입니다. 제가 지금 이렇게 자신 있게 말하지만 그리스도교 신학자들이 여기에 대해 어떻게 말할지 저는 알 수 없습니다! (웃음)

개인적으로 그리스도교의 창조론과 신성한 창조주에 대한 믿음을 보면서, 저는 이런 믿음이 신도들에게 주는 가장 큰 효과는 다름 아닌 '자극'이라고 생각합니다. 다시 말해 선한 인간, 윤리적으로 성숙한 인간이 되려면 더 열심히 수행 정진해야 한다는 절박한 마음을 각자에게 심어 주는 일입니다. 창조주에 대한 믿음을 마음속에 갖고 있을 때 여러분은 자신이 이 세상에 존재하는 목적을 새삼 자각하게 됩니다. 그리고 그런 믿음은 도덕성을 키우는 데도 큰 도움이 될 것입니다.

장황하게 여러 가지를 말씀드렸지만, 제가 그리스도교 신학에 대해 이해하는 수준은 여기까지입니다! (웃음)

⚜

복음서 강의에 대한 토론

(로렌스 신부) 오늘 아침 성인께서 주신 가르침에 대해 진심으로 감사드립니다. 성경에 담긴 뜻을 깊이 이해하고 너무나도 순수하게 예수님의 말씀을 전하는 당신의 강의를 들으면서 그리스도교도인 저는 큰 감동을 받았습니다. 저의 느낌이지만 이곳에 모인 다른 분들도 같은 생각일 것입니다.

이제 첫 번째 공개 토론 시간을 가지면서, 당신께 토론자들을 소개해 드리겠습니다. 우리 명상 공동체의 회원이며 하버드대학 문학 교수이신 로버트 카일리 씨, 마찬가지로 우리 공동체의 베네딕도회 수도자이며 산스크리트어를 가르치는 이사벨 글로버 여사입니다.

공개 토론을 하는 이유는 오늘 아침 성인의 입을 통해 우리의 심금을 울린 예수님의 말씀에 더 깊이 귀 기울이기 위해서입니다. 이 토론에서 우리는 두 종교의 차이를 찾으려는 데 관심이 있지 않습니다. 가능한 한 마음과 생각을 활짝 열고 두 신앙의 닮은 점과 풍부한 의미를 전해 주는 차이점에 대해 명상하려는 것입니다.

먼저 로버트 카일리 교수께 몇 마디 서론에 해당하는 말씀을 부탁드리며, 토론은 그 뒤에 시작하도록 하겠습니다.

(로버트 카일리) 성인께서 오늘 아침 그리스도교 경전을 읽고 법문을 해 주신 것에 대해 저도 로렌스 신부님처럼 감사의 말을 올리고 싶습니다. 당신의 삶과 20세기에 당신 민족이 걸어온 고난의 역사를 어느 정도 아는 저로서는 당신이 복음서의 '여덟 가지 복에 대한 가르침'을 읽을 때 특별한 감동을 받았습니다. 특히 저의 마음에 와닿은 구절은 '슬퍼하는 자는 복이 있나니, 저희가 위로를 받을 것이요'와 '의로운 행동으로 인해 핍박을 받는 자는 복이 있나니, 하늘나라가 저의 것이라'라는 말씀이었습니다.

저희 그리스도교인들은 선한 마음을 가진 사람이 성경을 읽으면 그 의미가 듣는 사람 모두에게 새롭게 되살아난다고 믿고 있습니다. 이 아침, 당신이 읽어 주는 성경 말씀을 들으면서 저와 이곳에 모인 많은 사람들은 바로 그런 일을 경험했다고 생각합니다.

제가 말하고 싶고 또 당신의 답변을 구하고 싶은 것 중 하나는, 유대인과 그리스도교인들이 생각하는 절대적인 하느님은 시간과 공간이라는 상대적인 역사 속에 계신다는 사실입니다. 오늘 당신께서 읽어 주신 구절이나 예수님의 다른 가르침들을 들을 때, 그리스도교인들은 적어도 다음 세 가지 이야기를 배경으로 그것을 이해합니다.

첫 번째는 예수님의 생애에 대한 이야기입니다. 예수님은 가난한 집에서 태어났고, 식민지의 유대인으로 사셨으며, 아주 짧은 기간 동안 군중을 가르치셨습니다. 그리고 박해를 받아 마침내는 일반 죄수처럼 십자가에 못 박혔으며, 죽은 자 가운데서 다시 살아나셨습니다. 이런 이야기를 생각하지 않고 예수님의 가르침을 들을 수 있는 그리스도교인은 한 명도 없을 것입니다. 오늘 아침 당신이 읽어 주신 구절에 귀를 기울이면서 우리 그리스도교인들은 가장 먼저 그런 사실들을 떠올렸을 것입니다.

두 번째로, 복음서의 말씀을 들으면서 우리는 유대 민족의 역사를 생각하지 않을 수 없습니다. 그들의 역사 또한 성경의 중요한 부분을 차지하고 있습니다. 그 역사는 이집트에서 비참한 노예 생활을 하다가 모세의 인도로 해방을 얻은 역사입니다. 해방자 모세는 군중에게 하느님의 율법을 전해 주었으며, 마침내 그것을 전 세계로 퍼뜨렸습니다.

세 번째는 언제나 그렇듯이 우리들 자신의 삶에 대한 이야기입니다.

이와 같이 우리가 예수님의 말씀에 대해 생각할 때, 그 말씀들은 시간과 역사 속에서 일어난 이야기를 통해 우리에게 다가옵니다. 예수님 개인의 삶에 담겨 있는 개인적이고, 민족적이고, 신학적인 역사를 통해 다가오는 것입니다. 저는 한 사람의 불교 승려인 당신께서 그리스도교의 지난 역사에 대해 어떻게 생각하실지 궁금하며, 불교에도 그것과 일치하거나 혹은 비슷한 이야기가 있는지 묻고 싶습니다.

(달라이 라마) 불교와 그리스도교처럼 오랜 역사를 가진 두 종교를 비교할 때, 우리는 두 종교의 창시자들에 대한 이야기가 놀랄 만큼 비슷하다는 것을 발견합니다. 물론 그분들은 그리스도교의 예수 그리스도와 불교의 고타마 붓다입니다. 저는 종교의 창시자이며 스승이신 두 분이 자신들의 삶을 통해서 가장 중요한 가르침을 주었다는 점에서 큰 공통점을 발견합니다.

부처님의 생애에서 발견할 수 있는 가르침의 핵심은 '네 가지 고귀한 진리'(사성제)로 나타납니다. 고통의 진리, 고통의 원인에 대한 진리, 고통의 소멸에 대한 진리, 고통의 소멸로 인도하는 길에 대한 진리가 그것입니다. 이 네 가지 진리는 불교를 창시한 스승인 부처님 자신의 생애 속에 매우 뚜렷하고 분명하게 나타나 있습니다.

저는 예수 그리스도의 생애도 마찬가지라고 생각합니다. 여러분이 예수님의 삶을 떠올린다면, 그분의 삶 속에 그리스도교의 근본이 되는 모든 가르침과 수행이 구체화되어 나타나 있음을 알게 될 것입니다.

또 하나 제가 예수 그리스도와 고타마 붓다의 삶에서 발견하는 공통점이 있습니다. 오직 시련과 헌신과 끝없는 정진을 통해서만, 그리고 자신의 원칙을 굳게 지킴으로써만 영혼이 성장하고 구원을 얻는다는 사실입니다. 이것이 제가 생각하는 두 종교의 공통된 근본 메시지입니다.

(이사벨 글로버) 성인께서는 강론 중에 '환생'에 대해 말씀하셨습니다. 지금은 더 이상 그리스도교인들의 생각 속에 남아 있지 않지만, 초기 그리스도교인들이 '환생'을 믿었다고 여겨지는 증거가 많이 있습니다. 그것에 대해 좀 더 말씀해 주실 수 있겠습니까? 환생과 카르마에 대한 가르침은 어느 정도 중요한 것인가요?

(달라이 라마) 저는 이사벨 여사께서 말씀하시는 이 문제에 대해 들어 본 적이 있습니다. 초기 교회의 가르침을 담은 경전들 속에는 환생에 대한 믿음이 반드시 그리스도교 교리에 모순된 것은 아니라고 해석할 만한 구절들이 있다는 것입니다.

제가 이것을 알게 된 것은 여러 그리스도교 성직자나 지도자들과 자유롭게 이 문제에 대해 토론한 적이 있기 때문입니다. 물론 교황님께 직접 물어볼 기회는 없었습니다. 그렇지만 그리스도교에 몸담은 여러 수행자들과 성직자들에게 그것에 대해 물어보았습니다.

그분들은 거의 한 분도 빠짐없이 그리스도교 교리에서는

환생에 대한 믿음을 받아들일 수 없다는 일치된 의견을 보였습니다. 무슨 이유 때문에 전체적인 그리스도교의 신앙과 교리에 환생의 개념이 맞지 않는가를 정확히 설명하지는 않았지만 말입니다.

그런데 저는 몇 해 전에 호주에서 베데 그리피스 신부님을 마지막으로 만난 자리에서 똑같은 질문을 던진 적이 있습니다. 저는 그분과 몇 차례 만난 적이 있고 개인적으로도 잘 아는 사이입니다. 저는 그분과의 만남을 아직도 생생하게 기억하고 있습니다. 그분은 사두(인도에서 수도승을 일컫는 말)가 입는 샛노란 오렌지색 승복을 입고 있었는데, 저는 마음으로 전해 오는 감동을 느낄 수 있었습니다(베데 그리피스 신부는 《동양과 서양의 결혼》의 저자이며, 인도에서 40년 동안 가톨릭 아쉬람을 이끌었다. 동양 사상과 신비주의에 대해 많은 공부를 한 대표적인 가톨릭 수도자이다. 1992년 4월 호주에서 달라이 라마와 만났으며, 1993년에 세상을 떠났다).

그리피스 신부님은 그리스도교인의 시각으로 볼 때, 환생을 믿게 되면 개인의 신앙심과 수행이 약해질 것이라고 지적했습니다. 자신의 생명과 존재를 하느님이 직접 창조했다고 믿고 또 그것을 창조주로부터의 직접적인 선물로서 받아들인다면, 그 순간 피조물인 여러분과 창조주인 하느님은 매우 특별한 끈으로 연결됩니다. 창조주를 더 가깝고 밀접한 분으로 느끼게 하는 직접적이고 개인적인 관계가 생겨나기 때문입니다. 하지만 환생을 믿게 되면 창조주와의 그 특별한 관계가 약해질 수 있습니다. 저는 이 설명이 매우 설득력이 있다고 생각했습니다.

(로렌스 신부) 역사 속의 시간과 영원, 그리고 절대적인 것과 상대적인 것의 관계에 대해 로버트 카일리 교수가 질문한 것과 방금 이사벨 여사가 질문한 것에는 어떤 관련성이 있다고 저는 생각합니다. 그리스도교인들은 하느님을 '진리'로 부르기도 합니다. 그리고 모든 인간은 진리는 여러 단계를 거쳐 발견하게 되는 것임을 경험을 통해 알고 있습니다. 진리란 서서히 드러나는 것입니다. 한 번의 삶을 살든 여러 번의 삶을 살든 한 개인은 삶의 여러 과정을 거치면서 진리를 찾아 나갑니다.

우리는 또한 종교가 시간이 흐르면서 발전한다는 것을 알고 있습니다. 부처님과 예수님의 가르침에는 영원불변한 핵심이 있지만, 그것들 속에 담긴 진리는 역사를 거치면서, 또한 깊은 성찰을 거치면서 서서히 드러나게 되어 있습니다. 그렇지 않으면 우리가 지금 하고 있는 이런 세미나가 무슨 의미가 있겠습니까?

우리 앞에는 언제나 발견해야 할 진리가 더 많이 남아 있습니다. 그러면 진리를 이 순간에 온전히 깨달을 수 있는 것으로 보는 시각과, 조금씩 단계적으로 경험해 나가는 것이라는 두 가지 시각에 대해 말씀해 주시겠습니까?

(달라이 라마) 불교의 가르침에도 그 문제에 대한 설명이 있습니다. 영원하고 절대적인 진리라는 것이 어떻게 단계적으로 드러나는 것일 수 있으며, 어떻게 시간의 경과에 따라 발전하는 것일 수 있는가 하는 문제입니다. '완전한 지혜의 경전'으로 알려진 불교의 대표 경전 《반야심경》은 특별히 이 문제를 다루고 있습니다.

이 경전은 세상에 온 것이 과거의 부처이든 미래의 부처이든, 심지어 세상에 부처가 존재하든 안 하든, 사물과 현상에 대한 궁극적인 진리는 언제나 변함이 없을 것이라고 말하고 있습니다. 이 진리는 영원히 존재하는 것입니다. 그것은 언제 어느 곳에나 있습니다.

하지만 그렇다고 해서 모든 살아 있는 존재들이 그 진리를 나눠 갖고 있다는 뜻은 아닙니다. 다시 말해 아무 노력도 없이 진리 속에서 당연히 해탈을 얻는 것은 아닙니다. 왜냐하면 모든 개인은 저마다 여러 과정을 거치면서 그 진리를 체험해야 하기 때문입니다. 따라서 우리는 진리가 실제로 존재한다는 것과, 그 진리를 경험해야 한다는 것을 분명히 구분해야 합니다. 바로 여기서 진리의 절대적인 면과 시간적인 면의 관계를 이해할 수 있습니다.

여러분은 흥미로운 점을 지적해 주셨습니다. 어떻게 신성한 창조주 같은 절대적인 원리가 예수 그리스도 같은 역사 속의 인물로 나타날 수 있을까요? 그 관계는 과연 어떻게 설명할 수 있을까요? 시간을 초월한 절대성과, 시간에 구속을 받는 역사 속의 인물, 이 둘의 관계를 그럴 듯하게 설명할 방법은 무엇일까요?

불교에는 깨달음을 얻은 이가 세 가지 모습으로 나타난다는 삼신불의 원리가 있습니다. 이것으로 이 문제의 실마리를 풀 수 있을지도 모릅니다. 이 원리에 따르면, 시간을 초월한 절대 상태에 있는 법신, 곧 '진리의 몸'이 역사 속에 인간의 몸으로 나타난 것이 곧 깨달음을 얻은 존재들입니다.

(로버트 카일리) 이것에 대한 또 다른 생각도 가능할 것 같습니다. 특히 우리가 일상적으로 행하는 종교 생활과 예배 의식에서 그리스도교인과 불교인이 예수님과 부처님을 어떤 이름으로 부르는가 하는 것입니다. 얼핏 보기에 그리스도교의 모순으로 생각되는 것 중 하나가 예수님을 우리의 형제이자 구세주로 부르는 것입니다. 한 사람의 인간으로서, 형제 혹은 배우자로서 예수님을 사랑하라고 우리는 가르침을 받습니다. 동시에 우리는 그분을 구세주, 구원자로 믿으며, 결국 그분을 신으로 숭배합니다.

예수님에 대한 이 명칭들은 우리에게 다음의 사실을 일깨워 줍니다. 예수님은 우리가 그분을 두 가지 방법으로 사랑하는 능력을 우리에게 주셨다는 것입니다. 그리고 그분은 그분의 신성을 우리 마음속에 심어 주셨습니다. 그런데 불교인들도 부처님에 대해 우리 그리스도교인들처럼 느끼고, 부처님을 부르는 이름도 우리와 같은지요?

(달라이 라마) 불교에도 그런 다양한 믿음이 있지만, 아주 똑같은 전통이나 하나의 정해진 길이 있는 것은 아닙니다. 저는 개인적으로 부처님을 역사 속 인물이자 한 개인으로 생각하기를 좋아합니다. 인간의 본성을 완성시켜 깨달음의 경지에 오른 인물로 말입니다.

하지만 불교의 어떤 학파에서는 부처님을 역사 속 인물뿐 아니라 시간을 초월해 영원한 차원에 계시는 분으로 여기기도 합니다. 이 관점에서 보면 역사 속 인물인 불타 석가모니는 사실은 더

없이 완전하고 시간을 초월해 존재하는 법신이 자비로운 마음을 내어 역사 속에 그 모습을 드러낸 것으로 볼 수 있습니다. 역사 속 인물인 불타 석가모니는 '응신'인 셈입니다. 특정한 시대와 장소, 정신 수준에 대응해 육체를 갖고 나타난 것입니다. 그리고 법신이 응신으로 나타나기 전 중간 단계가 '보신'입니다. 보신은 영원한 존재인 법신에서 생겨난 것으로, 무한한 잠재력을 가진 상태입니다. 하지만 이런 것을 더 자세히 파고들게 되면 머리 아프고 혼란스러운 얘기가 우리를 괴롭힐 것 같습니다! (웃음)

고타마 붓다를 역사 속 인물로 생각하는 가장 단순한 방법은 이런 것입니다. 불교인에게, 특히 머리를 깎고 출가해 절에서 생활하는 수행자에게 부처님은 최초로 절을 세운 분입니다. 말하자면 불교 사찰 계보의 시조인 셈입니다. 그 계보에 입문해 오직 수행자가 되어 살기로 한 비구와 비구니는 자신이 서약한 것을 끝까지 지켜야만 합니다. 남자 승려인 비구나 여자 승려인 비구니가 되려면 먼저 한 사람의 인간이어야 합니다. 따라서 여러분이 부처님을 완전한 경지에 이른 한 사람의 수행자로 생각한다면, 그것은 동시에 그분을 역사 속 인간으로 보는 것입니다.

(이사벨 글로버) 저는 성인께서 '본질을 살펴보면'이라는 말을 자주 쓰시는 것에 대해 물어 보고 싶습니다. 제 생각에 우리 대부분은 사물의 본질을 살펴볼 정도로 빈틈없는 사람들이 아닙니다. 한 가지 예를 들어 우리는 어떻게 자비심이 부족한 것의 본질을 살펴볼 수 있겠습니까?

(달라이 라마) 불교 수행에는 어떤 특별한 주제를 이해하기 위해 그 현상을 하나하나 떼어서 분석하는 방법이 있습니다. 예를 들어 인간의 정신은 다양하게 나뉠 수 있습니다. 관념적인 것과 구체적인 것, 왜곡된 생각과 바른 견해 등으로 말입니다. 그래서 불교 문헌에는 마음을 그 다양한 기능에 따라 여러 가지로 분류해 놓은 문장들이 자주 나옵니다.

또 한 가지 예를 들어, 자비심의 본질을 살펴본다고 합시다. 그때 여러분은 먼저 그것의 정의를 내리고자 할 것입니다. '자비심'이라는 것이 정확히 무엇인가를 이해하고자 노력할 것입니다. 그다음에는 자비심을 더 세밀히 분석하기 위해 스스로에게 질문을 던져 볼 것입니다. 인간의 감정 상태에 따라 경험할 수 있는 자비심이 수없이 많을 텐데 그것들은 과연 어떻게 나눌 수 있을까? 그리고 무엇이 그런 감정 상태를 일으키게 하는 걸까? 자비심을 경험할 때 대표적으로 느끼는 감정은 무엇일까? 다른 사람에게 자비를 베풀 때 내 삶에 어떤 결과가 찾아오는가? 이밖에도 수많은 질문을 던질 수 있습니다. 그리고 이런 분석을 통해 여러분은 자비심이 대개 어떤 것인지, 혹은 정확히 어떤 것인지 알 수 있습니다.

불교 문헌을 더 자세히 살펴보면 자비심을 여러 종류로 나누고 있는 것도 발견할 수 있습니다. 이를테면 어떤 자비심의 경우는 대상에 대해 단지 감정 이입만을 느끼는 것이 아니라 그 고통을 스스로 덜어 주고자 하는 책임감을 느낍니다. 단순히 감정을 느끼는 것보다는 훨씬 강한 자비심입니다.

그리고 여러분이 어떤 마음 상태를 더불어 갖는가에 따라 자비심은 매우 다를 수 있습니다. 한 가지 예를 들어 봅시다. 불교 관점에서 보면, 여러분이 덧없는 인생의 본질을 아주 깊이 이해하고 있다면 바로 그런 지혜 때문에 여러분이 베푸는 자비는 훨씬 더 강력해집니다. 마찬가지로 여러분의 마음속에서 자기 자신에 대한 집착이 눈에 띄게 줄어든다면, 당연히 여러분이 갖는 자비심은 더욱 강력한 것이 됩니다.

이런 구분을 하기 위해서는 먼저 세부적인 차이를 느낄 수 있는 식별력이 필요합니다. 또한 자비심 같은 감정을 분석할 때 그것을 하나의 독립된 것으로만 생각해서는 안 됩니다. 자비심은 하나의 감정 상태이지만 동시에 인간의 의식에서 나오는 것이기 때문에 의식의 본질과 반드시 관련이 있습니다. 그리고 그것은 신체적인 현상이 아니라 감정 상태입니다. 그것은 경험과 관계된 것이며, 따라서 다른 모든 감정 상태와 똑같은 본질을 갖고 있습니다.

다른 예를 들기 위해서 한 사람의 개인을 살펴봅시다. 그 사람에 대한 분석을 시작할 때 여러분은 곧바로 그 사람의 생김새부터 살펴볼 것입니다. 그 사람이 누구인가를 결정하는 요소 중하나는 문화적인 배경에서 나옵니다. 그것은 유럽 문화일 수도 있고, 미국 문화일 수도 있습니다. 또한 성별에 의해 남성과 여성으로 갈라집니다. 그 사람이 누구인가는 그가 태어난 나라, 그가 믿는 종교에도 영향을 받습니다.

한 사람을 정의 내리는 데도 이토록 여러 면에서 접근할 수 있음을 알았을 것입니다. 여러분은 이런 방법으로 어떠한 것의 본질도 살펴볼 수 있습니다.

(로렌스 신부) 불교 수행을 하려면 이성적인 분석이 매우 필요하겠군요. 그리고 성인께서는 인간이 태어나면서부터 받은 가장 큰 선물이 지성이라고 말씀하신 적이 있습니다. 하지만 사람이 똑똑하지 않더라도 자비심을 가질 수 있지 않을까요? 제가 이것을 이해할 수 있도록 도움을 주실 수 있는지요? 깨달음을 얻기 위해서는 매우 명민해야 하고, 교육을 받아 교양과 세련된 지성을 갖춰야만 할까요?

(달라이 라마) 물론 아니고말고요! 어느 것에 대해서든 극단적으로 생각하는 것은 언제나 잘못입니다. 불교 경전에서는 영적 수행에 임하는 사람들을 개인의 성향에 따라 세 그룹으로 나눕니다. 깊은 영적 수행을 통해 최고의 결과를 얻을 수 있는 사람은 어떤 사람인가를 보여 주기 위해서입니다. 그 구절을 정확히 기억할 수는 없지만 다음과 같은 내용입니다.

　　이상적으로 볼 때 수행에 가장 적합한 사람은 뛰어난 지성이 있을 뿐 아니라, 흔들림 없는 신앙심을 갖고, 헌신적이며, 나아가 지혜를 갖춘 사람입니다. 이런 사람은 영적 수행을 가장 잘 받아들일 수 있습니다. 두 번째에 속하는 사람은 그다지 지적 수준이 높지는 않지만 바위처럼 단단한 믿음을 가진 사람입니다. 불행한 사람은 세 번째 그룹에 속하는 사람들입니다. 이 사람들은 아는 것은 매우 많을지 몰라도 언제나 회의와 의심에 사로잡혀 있습니다. 이들은 머리가 좋지만 의심하고 망설이는 성격이어서 결코 진정으로 마음이 안정될 수 없습니다. 이들이 영적 수행을 가장 못 받아들이는 사람들입니다.

우리가 지성에 대해 말할 때 그것은 어디까지나 상대적인 것입니다. 한 사람을 놓고 볼 때, 어떤 사람에 비해서는 지성적이지만 다른 사람에 비해서는 덜 지성적일 수 있습니다. 그러나 일반적으로 우리는 이렇게 말할 수 있습니다. 영적 수행자가 이성으로 판단해 어떤 이해를 얻고, 또 그것이 바탕이 되어 믿음과 확신을 갖는다면, 그 믿음은 흔들림이 없다는 것입니다. 믿음이 흔들리지 않는 것은 여러분 스스로가 자신의 믿음의 근거에 대해 확신을 갖고 있기 때문입니다. 그리고 이런 확신은 결과적으로 여러분이 행동을 하게 하는 매우 강한 동기가 됩니다. 이런 까닭에 불교에서는 영적 수행에 지성의 역할이 정말 중요하다고 생각하고 있습니다.

불교 수행을 하다 보면 여러분은 가슴, 즉 감정적인 면과 지성이 서로 협력하는 것을 알 수 있습니다. 신앙심과 자비심은 감정적인 성격이 강하지만, 만약 그것들이 심오한 생각과 통찰을 바탕으로 하고 있다면 정말로 흔들림이 없습니다. 반면에 그다지 이성적인 이해가 없이 감정과 본능에 치우친 신앙심과 자비심은 결코 오래갈 수 없습니다. 그런 믿음은 어떤 상황과 환경에 부딪치게 되면 약해지고 흔들리기 쉽습니다. 티베트에는 이런 말까지 있습니다.

'이성에 바탕을 두지 않은 믿음을 가진 사람은 아무 데로나 흘러갈 수 있는 개울물과 같다.'

(로버트 켈리) 이성과 감정에 대한 주제를 생각하면서, 저는 종교에서 의식 행위가 어떤 위치를 차지하는지 성인께서 저희와 함께 생각해 주셨으면 합니다. 지난 수세기 동안 그리스도교인들은 종교 의식에 대해 큰 의견 차이를 보여 왔습니다. 어떤 사람들은 의식 절차, 노래, 향, 초, 색깔이 들어간 예복, 일정한 형식 등을 갖추고 예배를 드리면 더 긍정적인 효과가 있다고 믿습니다. 하지만 이런 것들이 오히려 진정한 예배에 방해가 된다고 생각하는 사람들도 있습니다. 당신의 전통에서는 의식 행위가 어떤 위치를 차지하는지 우리에게 말씀해 주시겠습니까?

(달라이 라마) 영적 수행에서 의식 절차가 어떤 역할을 하고 얼마나 중요한가를 따질 때, 맨 먼저 관심을 갖고 생각해 봐야 하는 것이 있습니다. 그것은 인간이 자신의 환경으로부터 어느 정도 영향을 받는가 하는 것입니다. 예를 들어 의식 절차와 같은 정해진 형식들이 우리가 진정으로 바라는 영적인 상태로 갈 수 있도록 분위기를 만들어 주는 것은 사실입니다. 그리고 그런 의미에서 의식은 중요한 역할을 합니다. 누구나 어떤 특별한 일을 이루고자 소망할 수 있습니다. 하지만 이 소망을 마음에 새기며 절차에 따라 서약 의식을 치른 사람은 더욱 강한 동기를 갖게 됩니다. 그리고 그것이 그의 행동에도 큰 영향을 줄 것입니다.

이처럼 종교 의식과 형식을 통해 여러분이 추구하는 영적인 공간, 다시 말해 영적인 분위기를 창조할 때, 그것은 여러분의 실제 경험에 강한 영향을 줄 수 있습니다. 하지만 여러분이 내면 차원의 체험, 곧 간절히 바라는 영적 체험을 하지 못한다면 종교 의식은 단지 형식에 그친 꾸밈이 되고 말 것입니다. 이 경우에 의식 행위는 의미를 잃고 비본질적인 관습이 되어 버립니다.

티베트의 위대한 요가 수행자 밀라레파는 형식과 의식 행위를 늘 비판했습니다. 그분의 글은 형식과 의식 행위의 여러 어리석음을 비꼬는 내용으로 가득 차 있습니다! (웃음)

(로렌스 신부) 몸으로 신앙을 표현하는 의식 행위, 다시 말해 우리의 육체와 감각을 통해 믿음을 표현하는 수단인 종교 의식에 대한 토론을 하면서 문득 생각나는 것이 있어 성인께 여쭤 보고 싶습니다. 지난날 서양의 그리스도교는 이원론이 지배하고 있었습니다. 사람들은 몸과 영혼이 대립되며, 영혼이 몸을 지배해야 한다고 생각했습니다. 하지만 우리는 오늘날의 그리스도교인들이 몸과 영혼을 가까운 관계로 본 초기 그리스도교의 생각으로 돌아가고 있다고 느끼고 있습니다.

우리가 살아가는 이 세상에서 몸과 마음과 영혼은 분리할 수 없습니다. 따라서 그들은 모두 사이좋은 친구가 되어야 합니다. 불교에서는 몸과 마음의 관계를 어떻게 생각하는지, 우리가 이해하기 쉽게 말씀해 주셨으면 합니다. 제가 잘못 알고 있는지 모르지만, 때로는 그리스도교보다 불교에서 몸과 마음의 대립이 더욱 심한 것 같습니다.

(달라이 라마) 그 말씀이 맞습니다. 실제로 불교 경전에는 몸과 마음을 분리해 이원적으로 보는 듯한 인상을 주는 구절들이 몇 군데 있습니다. 부처님도 직접 그런 표현을 하신 적이 있습니다. 부처님은 한 경전에서 오온(인간을 구성하는 다섯 요소)은 무거운 짐과 같으며, 인간은 그 짐을 실어 나르는 존재라고 말하고 있습니다. 따라서 얼핏 들으면 부처님이 사람과 그 사람의 정신 물질적인 요소를 따로 보는 이원적인 생각을 갖고 있는 것처럼 보일 수 있습니다.

하지만 이것은 불교인들의 견해는 아닙니다. 부처님이 그 말씀을 하신 상황과 그 말씀의 대상을 이해해야만 합니다. 부처님은 가르침을 펴실 때 언제나 듣는 사람의 이해 능력에 따라 다르게 말씀하셨습니다. 오온에 대한 말씀도 영원히 존재하는 혼이라는 아트만(개별적인 자아)을 믿는 사람을 향해 하신 것이라고 불교인들은 해석하고 있습니다. 그러나 실제로 부처님 자신의 입장은 아트만을 믿는 것과는 정반대되는 것입니다. 몸과 마음, 그리고 그것을 갖고 있는 인간 존재에 대한 부처님 자신의 입장은 아나트만(무아) 원칙을 따르는 것입니다. 아나트만이란 말 그대로 '개별적인 나'라는 존재를 인정하지 않는 것입니다. 이 원칙은 정신 물질적 구성 요소와 따로 떨어져 독립성과 자율성을 가진 영원히 변치 않는 혼이란 없다고 말하고 있습니다. 이것은 모든 불교 학파가 공통으로 따르는 원칙입니다.

이런 일반적인 가르침이 있지만 불교인들의 철학적인 관점 또한 다양해서, 우리는 또다시 인간 존재와 자아의 정확한 본질에 대한 여러 가지 견해를 발견할 수 있습니다. 어떤 불교 학파는 인간을 구성하는 정신 물질적 구성 요소 중에서 의식을 분리해 그것을 그 사람의 존재라고 해석하기도 합니다. 반면에 다른 학파들은 명목론자 입장에 더 가까워서, 인간 존재 혹은 자아란 단지 명칭에 불과하다고 주장합니다.

(로렌스 신부) 지금이 잠시 쉬면서 명상하기에 좋은 때인 것 같습니다. 성인께서 촛불을 밝히면 우리 모두 자리에서 일어나고, 그런 다음에 침묵 명상을 시작하겠습니다.

평등심

| 마가복음 3장 31절-35절 |

그때 예수의 어머니와 동생들이 와서, 밖에 서서 사람을 보내어 예수를 부르니, 무리가 예수를 둘러싸고 앉아 있다가 말했다. "보소서, 당신의 어머니와 동생들이 밖에서 찾나이다." 그러자 예수께서 대답하시되 "누가 내 어머니며 동생들이냐." 하시고는 둘러앉은 자들을 둘러보시며 말씀하시기를 "내 어머니와 내 동생들을 보라. 누구든지 하느님의 뜻대로 행하는 자는 내 형제요, 자매요, 어머니라."(마가복음 3장 31절-35절)

  마가복음의 이 구절을 읽으면서 저에게 가장 먼저 떠오른 생각이 있습니다. 이 구절은 우리에게 자비가 무엇인가를 말해 주고 있습니다. 나아가 인간이 자비심을 갖게 되는 단계를 설명하고 있습니다. 우리는 이 구절에서 자신의 어머니와 형제자매를 중요하지 않게 생각하는 예수님의 확고한 태도를 볼 수 있습니다. 저는 이 구절을 읽으면서 참되고 진정한 자비는 개인적인 집착과 편견이라는 좁은 울타리를 벗어난 것임을 알게 됩니다.

이것은 불교에서 말하는 자비와 아주 비슷합니다. 불교에서도 자비심이란 집착에서 완전히 자유로워진 마음이라고 이해하고 있습니다. 제가 앞의 토론에서 말한 것처럼, 마음속에 진정한 자비심이 일어나려면 먼저 모든 생명 가진 존재들에 대해 평등심을 가져야 합니다.

우리의 마음은 대개 너무 심한 편견을 갖고 있습니다. 우리는 친하지 않은 사람과 적을 멀리하며, 반면에 친구로 생각하는 사람에게는 지나칠 정도로 친근감과 애착을 보입니다. 타인이 누구인가에 따라 우리의 감정이 얼마나 극단적으로 달라지는가를 알 수 있습니다. 이것은 매우 심한 편견입니다.

우리가 이 편견을 뛰어넘지 못한다면 진정한 자비심은 생겨날 리 없습니다. 우리가 누군가에게 어느 정도 자비심을 느끼더라도 그 자비심이 깊은 평등심에 바탕을 둔 것이 아니라면 거기에는 여전히 편견이 남아 있습니다. 왜냐하면 그때의 자비심은 집착을 바탕으로 한 것이기 때문입니다.

집착을 바탕으로 한 자비심을 살펴봅시다. 자기가 그 대상에 얼마나 집착하고 있든, 어쨌든 그 대상을 긍정적으로 생각하기 때문에 여러분은 자비심을 베푸는 것입니다. 그 대상은 친한 친구일 수도 있고 가족일 수도 있습니다. 그밖에 누구든 될 수 있습니다.

하지만 상대방에 대한 태도가 달라지면 여러분의 감정도 변합니다. 가까이 지내는 친구에게서 어느 날 갑자기 지금까지 느껴 오던 좋은 점을 더 이상 발견할 수 없게 되는 경우가 있습니다. 그렇게 되면 이 새로운 태도는 그 사람에 대한 여러분의 감정에 금방 영향을 끼칩니다.

진정한 자비심은 다릅니다. 상대방의 입장에서 그 사람의 고통을 분명히 느낍니다. 그 사람이 자비와 애정을 받을 만큼 충분히 고귀한 존재라는 사실을 깨닫습니다. 이때 비로소 순수한 자비심이 일어납니다. 이런 깨달음으로부터 생겨난 자비심은 어떤 경우에도 흔들리지 않습니다. 여러분의 자비를 받은 사람이 여러분에게 어떤 식으로 반응하든 말입니다. 여러분의 자비를 받은 사람이 아주 부정적인 태도를 나타냅니다. 설령 그렇다 해도 여러분의 자비심은 아무 영향을 받지 않습니다. 그 자비심은 예전과 똑같거나, 오히려 더욱 커집니다.

자비심의 성질을 주의 깊게 살펴보면, 진정한 자비심은 적에게까지 손을 내민다는 것을 알 수 있습니다. 자신에 대해 적대감을 품고 있는 사람에게까지 말입니다. 이와는 달리 집착을 뛰어넘지 못하는 자비심이 있습니다. 이 자비심은 적이라고 생각하는 사람에게는 손을 내밀 수 없습니다. 일반적으로 적이란 우리를 직접 해치려는 자들입니다. 혹은 우리를 해치려는 동기나 의도를 품은 자들입니다. 어떤 사람이 여러분을 해치려는 분명한 의도를 품고 있다는 걸 여러분이 알았습니다. 그 사람에게 친근감이나 공감대가 생길 리 없습니다. 그 사람에게 애정이 가야 친근감을 느낄 수 있다고 한다면 말입니다.

그러나 진정한 자비심은 다릅니다. 어떤 사람이 여러분을 해치려 한다는 것을 알더라도 진정한 자비심은 결코 사라지지 않습니다. 그 사람도 나 자신과 마찬가지로 고통받고 있습니다. 그 사람도 행복을 추구하고 있습니다. 고통에서 벗어나려는 자연스럽고 본능적인 소망을 갖고 있습니다. 진정한 자비심은 이것을 분명히 깨달은 후에 생겨나는 마음입니다.

그리스도교 정신에서는 그것을 다음과 같이 생각해 볼 수 있을 것입니다. 적도 나처럼 똑같은 신성을 가진 존재입니다. 그 사람 역시 똑같이 하느님의 창조물입니다. 그렇다면 그 사람도 내가 자비를 베풀고 친근감을 느낄 만큼 소중한 존재입니다. 이것이 바로 진정한 자비이고 집착에서 벗어난 마음입니다.

이 복음서의 마지막 구절은 말하고 있습니다.

'누구든지 하느님의 뜻대로 행하는 자는 내 형제요, 자매요, 어머니라.'

이 구절을 글자 그대로 이해하면 조건에 따라 사람을 차별하는 것 같은 느낌을 받을 수 있습니다. 오로지 신의 뜻에 복종하는 자만이 내 형제요, 자매요, 어머니가 되기 때문입니다.

하지만 그리스도교 시각에서는 이 의미를 더 넓게 해석할 수 있다고 저는 생각합니다. 글자 그대로 읽으면 '누구든지 하느님의 뜻에 따르는 자는 내 형제요, 자매요, 어머니'라는 말입니다.

동시에 '신성을 공유하고 있고 신의 뜻을 따를 능력이나 가능성을 가진 사람은 누구나 나의 어머니요, 형제요, 자매'라는 의미도 그 속에 담겨 있습니다. 여기에는 단순히 혈연으로 맺어진 가족을 뛰어넘어 온 인류를 하나로 포용하겠다는 의지가 담겨 있습니다. 모든 인간의 조화와 평등을 강조하는 의미가 있습니다.

대승불교에 보살도 수행이라는 것이 있습니다. 그중에서 그리스도교인이 실천해도 좋은 것 한 가지를 말씀드리고 싶습니다. '로종'이라고 알려진 특별한 수행이자 가르침입니다. 로종은 생각을 바꾸는 훈련, 다시 말해 마음의 훈련입니다. 모든 살아 있는 것들, 지금 우리의 주제로 말하면 모든 사람이 우리에게 베풀고 있는 친절함에 대해 깊이 생각하는 특별한 수행법입니다.

이 로종은 몇몇 문헌에서 자세히 설명하고 있습니다. 우리는 성장하고 인생을 살아오는 동안 우리 곁에서 친절을 베푼 사람들을 쉽게 떠올릴 수 있습니다. 육체적으로 살아남는 일을 포함해 자신이 인간으로서 생존하는 것에 대해 잘 살펴봅시다. 자신을 살아 있게 하고 나아가 행복하게 만드는 모든 것들, 이를테면 음식과 집과 명성까지도 오직 다른 사람들의 협력과 도움으로 생겨난다는 것을 알 수 있습니다.

도시에서 살아가는 사람들에게는 특히 그렇습니다. 여러분은 생활의 모든 면에서 다른 사람에게 크게 의존하고 있습니다. 전기 기술자들이 단 하루만 일손을 놓아도 도시 전체가 마비될 것입니다. 우리가 전적으로 다른 사람의 협력에 의존해서 살아가고 있다는 것은 새삼 말할 필요도 없는 분명한 사실입니다.

음식이나 집도 그렇습니다. 생활에 필수적인 것들을 손에 넣으려면 직접 혹은 간접적으로 많은 사람들의 협력과 도움이 있어야 합니다. 명성처럼 오래가지 않는 것조차 타인이 필요합니다. 만약 여러분이 첩첩산중에서 혼자 산다면 메아리밖에 자신을 알아주는 이가 없을 것입니다! (웃음) 다른 사람들이 없다면 명성은 있을 수 없습니다. 이처럼 삶의 거의 모든 면에 다른 사람들이 참가하고 관련되어 있습니다.

이렇게 하나씩 생각해 가면, 다른 모든 사람들의 친절함을 깨달을 수 있습니다. 영적인 수행자라면 세계의 대표적인 종교들 모두가 이타주의와 자비심을 귀한 가치로 여긴다는 사실을 알 것입니다. 이타주의와 자비심이 무엇입니까? 심지어 이런 고귀한 감정을 실천하는 데도 그 대상이 되는 타인이 필요합니다. 그 대상은 바로 함께 살아가는 사람들입니다.

이 관점에서 볼 때, 자비심이라는 정말 고귀한 감정도 다른 사람들이 존재하지 않고서는 불가능합니다. 삶의 모든 면에서 그렇습니다. 이를테면 여러분의 종교적인 실천, 영적인 성장, 혹은 아주 기본적인 생존조차도 다른 사람들 없이는 불가능합니다. 이것을 깨닫는다면, 여러분은 자신이 다른 사람들과 깊이 연결되어 있으며, 그들의 친절에 보답하지 않으면 안 된다고 느낄 것입니다.

이런 확신이 들면, 자신의 삶과 아무 관계가 없는 사람이라든가, 그 사람들에게는 무관심한 태도를 가져도 좋다든가 하는 생각은 일어나지 않습니다. 이 세상에 여러분의 삶과 관계없는 사람은 아무도 없습니다.

제가 앞에서 '감정'이라는 말을 썼는데, 여기서 이 말에 대해 조금 설명할 필요가 있을 것 같습니다. 감정이라는 단어가 종종 많은 사람들에게 매우 부정적인 느낌을 준다는 것을 저는 알고 있습니다. 그 단어가 다소 속되고, 본능적이며, 거의 동물적인 어감으로 들린다는 것입니다.

하지만 몇 해 전 어느 과학 세미나에서 생물학자, 심리학자들과 토론할 기회가 있었습니다. 그때 우리는 감정의 본질이 무엇이며, 그것을 어떻게 정의 내릴 수 있는가에 대해 의견을 나눴습니다. 오랜 토론 끝에, 감정은 긍정적일 수도 있고, 부정적일 수도 있으며, 심지어 중립적일 수도 있다는 결론에 이르렀습니다. 그렇다면 불교적인 관점에서 보더라도 완전한 깨달음을 얻은 부처님에게 감정이 있다는 것은 전혀 모순된 일이 아닙니다. 저는 이렇게 넓은 의미에서 '감정'이란 단어를 사용한 것입니다.

하느님의 나라

| 마가복음 4장 26절-34절 |

예수께서 말씀하시기를 "하느님의 나라는 사람이 씨를 땅에 뿌림과 같으니, 그가 밤에 자고 아침에 일어나는 중에 씨가 나서 자라느니라. 하지만 그는 어떻게 그렇게 되는지 알지 못하느니라. 땅이 스스로 열매를 맺되 처음에는 싹이요 다음에는 이삭이요 그다음에는 이삭에 충실한 곡식이라. 열매가 익으면 곧 낫을 대나니 이는 추수 때가 이르렀음이라."

　　또 말씀하시기를 "우리가 하느님의 나라를 어떻게 설명하며 또 무슨 비유로 나타낼 것인가? 하느님의 나라는 겨자씨 한 알과 같으니 땅에 심어질 때에는 땅 위의 모든 씨앗보다 작지만, 심은 후에는 자라서 모든 나무보다 커지며 큰 가지를 내니 공중의 새들이 그 그늘에 깃들일 만큼 되느니라."

예수께서 이런 많은 비유로 그들이 알아들을 수 있는 대로 가르침을 주시되, 비유가 아니면 말씀하지 아니하시고 다만 혼자 계실 때 그 제자들에게 모든 것을 설명하시더라.(마가복음 4장 26 절-34절)

복음서에서 인용한 이 이야기의 마지막 구절은 티베트어의 '멩각 뼤규'라는 독특한 표현을 생각나게 합니다. 이것은 가르침의 가장 심오한 부분, 에센스가 되는 부분은 오직 선택된 몇 사람에게만 전해 준다는 뜻입니다. 또한 다른 사람들은 알지 못하도록 아주 비밀리에 전수한다는 뜻으로 해석할 수도 있습니다.

티베트 불교에는 가르침을 전하는 몇 가지 독특한 방식이 있습니다. 하나는 '촉세'라고 부르는 것입니다. 이것은 보다 공개적으로 가르치는 것입니다. 누구나 찾아가서 들을 수 있는 가르침입니다. 그리고 '롭세'라고 부르는 또 다른 방식의 가르침이 있습니다. 글자상으로 이것은 '제자들에게 가르치는 것'이란 뜻입니다. 메시지에 담긴 중요성과 깊은 의미를 진정으로 이해할 수 있도록 몇몇 선택된 자들에게만 엄선된 단어로 가르침을 펴는 것입니다.

이 복음서 구절은 '하느님의 나라'라는 사상에 대해 설명하고 있습니다. 여기서는 씨앗과, 그 씨앗이 싹터 나무가 되는 것을 비유로 들어 말하고 있습니다. 저는 이 씨앗의 비유를 통해 앞에서 우리가 말한 내용을 더 잘 이해할 수 있으리라 생각합니다. 우리 안에 있는 신성을 완전히 꽃피우기까지는 여러 단계가 있다는 사실 말입니다.

이 구절의 바로 앞뒤에서는 씨앗의 성장이 여러 요인에 따라 달라진다고 말하고 있습니다. 어떤 땅을 골라 얼마나 기름진 흙에 씨를 뿌리는가에 따라 성장이 다릅니다. 더 많은 수확을 올릴 수 있는 지역도 있겠고, 곡식이 더 빨리 자라는 지역도 있습니다. 곡식이 빨리 자라지만 그만큼 빨리 죽는 땅도 있습니다. 그리고 그밖에도 여러 가지가 있을 것입니다.

불교인의 시각에서 볼 때 저는 이 구절에서 불교의 가르침과 매우 비슷한 것을 발견합니다. 생명 가진 존재들이 다양하며, 각자 어떤 것을 받아들이는 정도도 다양하다는 것입니다. 불교에서는 누구에게나 불성이 있다고 믿습니다. 그리고 부처님은 모든 생명 가진 존재에게 골고루 자비를 베푼다고 믿습니다. 이 믿음은 선한 사람은 물론 악한 자에게도 똑같이 태양이 비친다는 마태복음의 비유와 비슷합니다. 하지만 이것이 사실일지라도, 각각의 존재들이 진리를 받아들이는 정도에는 차이가 있습니다. 따라서 영적인 성장도 개인마다 다를 수밖에 없습니다.

저는 이런 생각에 아주 큰 흥미를 느낍니다. 불교 문헌에서도 이것을 매우 강조해서 말하고 있습니다. 사람마다 정신적인 능력, 받아들이는 정도, 관심, 영적인 성향이 모두 다르다는 것입니다. 불교 문헌을 보면 모든 불교 학파들이 부처님이라는 똑같은 스승을 따른다는 것을 알 수 있습니다. 그러나 부처님이 설하셨다고 하는 가르침은 너무도 다양합니다. 때로는 서로 모순된 것처럼 보이는 것들도 있습니다. 그 덕분에 우리는 독단적인 생각에 빠지지 않게 되는 것입니다.

부처님이 이렇게 다양하게 가르침을 펴신 이유가 있습니다. 그것은 모든 생명 가진 존재의 다양한 정신 능력, 각자에게 필요한 것, 그리고 저마다 다른 영적인 성향에 맞추기 위한 것입니다. 그 점을 이해하기 때문에 저는 다른 종교들이 가진 다양한 가르침과 수행법들을 마음 깊이 존중합니다. 세상에 있는 존재가 너무도 많고 다르기 때문에 종교의 다양성이란 절대적으로 필요한 것입니다.

부처님의 경전에는 서로 다른 여러 가르침이 있습니다. 따라서 불교인들은 어떤 경전에서 말하는 참뜻과 그것을 말한 의도를 제대로 이해하고자 노력합니다. 어떤 경전에 적혀 있다고 해서, 그것이 반드시 그 말을 한 사람의 입장과 일치하는 것은 아닙니다.

제가 보기에는 그리스도교 안에서도 '하느님'이라는 개념을 여러 가지로 해석하고 이해하는 것 같습니다. 이 주제에 대해 로렌스 신부님과 대화를 나누면서 알게 된 것이 있습니다. 하느님에 대해서 그리스도교인들은 다양한 생각을 갖고 있을 뿐 아니라, 심오한 신비주의 학파에서는 하느님을 인격적인 신으로 보지 않고 '존재의 근원'으로 본다는 것입니다. 자비심도 그 존재의 근원이 가진 하나의 특성으로 이해할 수 있습니다.

만약 하느님을 이와 같이 존재의 근원으로 이해한다면, 불교 사상과 수행에서도 그것과 비슷한 내용을 찾아볼 수 있습니다.

힌두교의 브라흐마라는 개념도 그것과 비슷하고, 상캬 학파의 사상도 마찬가지입니다(이들 학파는 각자의 '나'와 브라흐마라는 '큰 나'의 동일성을 주장하며, 이 직관에 이르기 위해 명상과 삼매의 실천이 필요하다고 말한다. 현생에서 완성에 이른 해탈자는 신체가 멸할 때 브라흐마와의 합일에 이른다는 것이 이들의 사상이다).

물론 우리는 모든 것을 '공통점이 있다'는 말로 뭉뚱그리지 않도록 조심해야 합니다. 그렇지 않으면 오늘 강연이 끝났을 때 각각의 종교 속에 저마다 독특한 사상이 있음을 보여 줄 수가 없습니다. 앞에서도 말했듯이 저는 세상의 종교들이 자기만의 특수성, 독특한 신앙 형태, 통찰력, 수행 방법 등을 나름대로 지켜 가는 것이 꼭 필요하다고 믿습니다.

이를테면 그리스도교의 삼위일체 사상에 해당하는 것을 불교에서 찾는 사람이 있다고 합시다. 그는 무엇보다도 깨달은 자의 세 가지 존재 방식인 삼신불 사상을 맨 먼저 머릿속에 떠올릴 것입니다. 법신, 보신, 응신의 삼신일체 사상이 그것입니다. 물론 우리는 이렇게 둘을 비교해서 공통점을 보여 줄 수는 있습니다. 하지만 조심할 것은 그런 비교를 너무 확대하지 말아야 한다는 것입니다.

그런데 정말 흥미로웠던 것은 로렌스 신부님의 지적이었습니다. 그리스도교 신학에서는 성부, 성자, 성령의 삼위일체를 논할 때 종종 성자를 하느님의 말씀과 똑같은 것으로 여긴다는 것이었습니다. 저는 그 말씀을 듣자마자 대승불교에서 그것과 비슷한 것을 생각해 냈습니다. 대승불교에서는 종종 부처님의 세 몸

중 하나인 보신을 부처님의 완전한 말씀으로 정의하고 있습니다.

하지만 티베트에는 '똑똑한 사람은 모든 것을 그럴 듯하게 보이게 한다'는 말이 있습니다! (웃음) 언제나 서로 비교해서 비슷한 점을 찾으려고만 한다면, 모든 것을 하나의 커다란 상자 안에 구겨 넣을 위험성이 있습니다. 앞에서도 말했듯이 저 개인으로서는 보편적인 종교를 만드는 일에 찬성하지 않습니다. 저의 생각에 그것은 권할 만한 일이 아닙니다. 우리가 여러 종교의 비슷한 점을 끝까지 찾아내려고 하면서 차이점을 무시한다면, 결국에는 바로 그런 일을 하는 것입니다! (웃음)

따라서 정말 중요한 것은 종교의 스승들이 각 개인의 수용 능력, 영적인 성향, 정신적 기질에 맞춰 가르침을 펴야 한다는 것입니다. 어떤 음식을 잘 먹는 사람이 이렇게 말한다고 생각해 봅시다. "이 음식은 나에게 영양가가 있으니까, 모두가 이것을 먹어야 해." 하지만 사람들은 저마다 자신의 체질에 가장 잘 어울리는 음식을 먹어야 합니다. 음식을 먹는 진정한 목적은 몸에 영양분을 얻기 위한 것입니다. 따라서 누구나 자신의 건강에 가장 적합한 음식을 먹어야만 합니다. 누군가가 단지 귀하고 비싸다는 이유로 자신의 몸에 맞지도 않고 오히려 해로울지도 모르는 음식을 먹겠다고 주장한다면, 세상에 그것처럼 어리석고 우매한 일은 없을 것입니다.

이와 마찬가지로 종교는 영혼과 마음의 영양분 같은 것입니다. 영적인 수행의 길에 나설 때 자신의 정신적인 성숙도, 자신의 기질, 마음의 성향에 가장 알맞은 수행을 하는 것이 매우 중요합니다. 각자 자신에게 가장 알맞은 영적인 수행과 신앙을 찾는 일이 정말 중요합니다. 그때 비로소 마음의 변화, 내적인 평온함을 얻을 수 있습니다. 그래야만 성숙한 영혼과 따뜻한 마음, 그리고 온전한 인격을 갖춘 선하고 친절한 사람으로 나아갈 수 있습니다. 영혼의 영양분을 찾는 사람이라면 반드시 이런 점을 생각해야만 합니다.

그리스도교는 천지창조와 하느님에 대한 절대적인 믿음을 갖고 있습니다. 이 믿음을 다른 모든 종교들이 공통적으로 갖고 있는 것은 아닙니다. 물론 그런 믿음을 자신들의 신앙과 수행의 중심에 두고 있는 종교도 많지만, 세상에는 그렇지 않은 종교도 많이 있습니다.

하지만 모든 종교에 공통된 것이 있습니다. 자신이 귀의한 대상을 전적으로 신뢰하고, 그것에 오로지 마음을 집중하여 영적 수행을 해나가야 한다는 것입니다. 이를테면 불교는 유일신을 섬기는 종교가 아닙니다. 그렇기 때문에 불교인들은 삼보라 불리는 세 가지 대상, 다시 말해 부처님, 부처님의 가르침, 그 가르침을 따르는 승단을 수행의 토대로 삼아 그것에 영혼의 안녕을 온전히 맡깁니다.

자신이 귀의한 대상을 한결같이 믿고 거기에 영혼의 안녕을 맡길 수 있어야 합니다. 그렇게 하려면 그 귀의의 대상에 자신이 가깝게 연결되어 있다는 느낌을 가질 필요가 있습니다. 유일신을 믿는 종교에서는 하나의 절대자가 세상의 모든 생명체를 창조했다고 믿습니다. 그러므로 절대자와 자신이 매우 가까운 관계에 있음을 더 잘 느낄 수 있습니다. 그 느낌이 바탕이 되어 그 절대자에 대한 한결같은 믿음과 확신을 갖게 되는 것입니다. 그리고 자신의 영적 행복을 그 절대자에게 온전히 맡길 수 있습니다.

❧

복음서 강의에 대한 토론

(로렌스 신부) 달라이 라마 성인께 진심으로 감사드립니다. 당신께서 불교와 그리스도교의 미묘한 차이를 분명히 밝혀 주실수록, 우리가 하나라는 느낌을 더 많이 갖게 됩니다. 같으면서 다르다는 모순이 있긴 하지만, 지혜와 애정을 갖고 당신의 생각을 우리에게 나눠 주신 것에 감사드립니다.

저는 오늘 공개 토론의 참석자를 소개하고자 합니다. 이곳에서 그리 멀지 않은 아마라바티 불교 수도원에서 오신 아잔 아마로 스님과, 미국 미네소타 주에서 심리치료사로 일하고 계시는 성 요셉 수도회의 아일린 오히아 수녀를 소개합니다. 먼저 아잔 아마로 스님께 오늘 토론의 문을 열어 주시기를 부탁드립니다.

(아잔 아마로) 저는 달라이 라마 성인께서 지금까지 말씀하신 것 중에서 몇 가지 주제를 고르고 싶습니다. 먼저 자비심이 무집착과 관계가 있다는 것입니다. 그리고 예수님이 어머니 마리아와 형제들에 대해 한 말이 진정한 자비심의 표현이라는 성인의 설명에 저는 매우 깊은 인상을 받았습니다.

서양에 살고 있는 불교 승려인 저는 많은 사람들로부터 집착을 버린 마음이 무엇인지 자주 질문을 받습니다. 사람들은 집착을 버리면 냉정해지고 무정해지는 것이 아닌가 걱정을 합니다. 그런 저에게 당신의 설명은 큰 도움이 되었습니다. 나중에 저도 사람들에게 그렇게 설명해 줄 생각입니다.

하지만 불교의 이 개념을 '무집착'으로 번역하는 것보다 '무소유'로 번역하는 것이 더 적절하지 않은가 저는 생각합니다. 다시 말해 사람과 물건에 대해 무소유의 태도를 갖는 것입니다.

사람들은 소유가 어딘지 불건전하다는 것을 금방 알아차릴 수 있습니다. 또한 소유라는 생각에는 환상과 차별, 그 밖의 여러 문제를 일으키는 나쁜 속성이 있다는 것도 바로 깨달을 수 있습니다. 당신은 자비심과 순수한 마음에는 무집착이 깃들어 있다고 말씀하셨는데, 무집착이란 바로 소유하지 않는 마음이라고 할 수 있습니다.

당신은 초연함이란 사물의 환영과도 같은 모습에 대한 집착에서 벗어나는 것이고, 그것을 통해 사람들은 진리에 다가갈 수 있다고 말씀하셨습니다. 그리고 그것이 실제로 좁은 생각에서 벗어나는 길이라고 하셨습니다. 이런 설명은 우리의 공부에 많은 도움이 되었습니다.

저는 복음서의 이 구절과 아주 비슷한 것이 상좌부 불교에 있음을 기억하고서 깜짝 놀랐습니다(상좌부 불교는 스리랑카, 태국, 미얀마, 캄보디아, 인도네시아, 베트남 등지에서 꽃피어난 불교를 말한다). 사람이 진리를 발견하든가, 수행의 길에 들어서서 담마(진리.

산스크리트어로는 다르마)를 깨달으면 세상을 보는 눈이 달라지고 세상에 대한 태도가 달라집니다. 상좌부 불교에서는 이것을 '혈통의 변화'라고 부릅니다. 마가복음의 이 구절에서 말하는 것도 세상에 대한 태도의 변화 혹은 '혈통의 변화'입니다.

이 구절에서 예수님은 자신을 더 이상 어머니 마리아의 아들로 생각하지 않습니다. 예수님이 '나의 아버지는 하느님이다'라고 말할 때, 그분은 이제 혈통 속의 한 개인으로서의 입장을 떠나 절대 진리라는 완전히 다른 시각을 갖게 된 것입니다.

또 한 가지 저에게 인상적이었던 것이 있습니다. 당신께서는 이 부분을 강의하면서 모든 인간을 형제자매로 설명하셨습니다. 사람이 개인적인 인간관계를 벗어나 이런 초월을 경험할 때, 그 사람은 삶과 세계에 대한 태도가 크게 달라집니다. 이것은 깨달음을 얻었을 때와 똑같은 태도 변화입니다. 이 유사성에 저는 깊은 인상을 받았습니다.

제 가슴에 깊이 다가온 당신의 말씀이 또 하나 있습니다. 그것은 불교의 것은 불교에, 그리스도교의 것은 그리스도교에 두어야지 모든 것을 하나로 섞으려고 해서는 안 된다는 주의의 말씀이었습니다. 하지만 저는 속으로 이렇게 말하고 있다고 고백해야겠습니다. '그건 그렇습니다. 하지만 두 종교는 근본적으로는 똑같은 것을 말하고 있는 것 같습니다.'

서양의 그리스도교적 환경에서 자랐지만 불자로서 많은 세월을 보낸 지금, 제 머릿속에는 양쪽 사상이 똑같이 섞여 있습니다. 그리고 단순히 경전에 대한 연구가 아니라 명상을 통해 거듭 깨닫게 되는 것이 있습니다. 두 종교가 표현하는 방법은 이렇게 서로 다르지만 실제로는 똑같은 경험을 말하고 있는 것 같다는 것입니다. 저는 점점 더 그런 생각이 드는 걸 어찌할 수 없습니다.

이런 생각이 가치가 있는지 성인께서 말씀해 주실 수 있는 지요. 이를테면 당신은 성부와 성자와 성령이 법신, 보신, 응신과 일치하는 것으로 보았습니다. 제가 속한 상좌부 불교라면 이들을 부처님, 부처님의 진리, 그 진리를 따르는 공동체와 비교했을 것입니다. 여기에서 진리는 존재의 근원을 나타내며, 부처님은 그 진리의 표현입니다. 부처님의 말씀은 곧 진리의 말씀으로 여겨집니다. 또한 부처님은 '아는 자' 혹은 '깨달은 자'입니다. 부처님 스스로 자신을 '진리에서 태어난 자'라고 명명했습니다.

이와 같이 부처님이 진리를 깨닫고 이 세상에 진리를 전하신 결과로 생겨난 것이 바로 진리의 공동체인 승단입니다. 승단을 영적인 공동체로 풀이할 수도 있고, 신성한 마음의 교류로 여길 수도 있겠지요. 어쨌든 여러 다양한 존재들이 평화와 조화 속에서 영적 교류를 나누는 곳이 승단입니다.

저는 자신이 단순히 모든 것을 꿰맞추기를 좋아하는 사람이 아닌가 하고 깊이 생각했습니다. 하지만 이제 그런 의문을 풀 기회가 온 것 같군요! (웃음) 저는 여러 해 동안 많은 그리스도교인들과 대화를 나눴습니다. 그럴 때마다 우리가 완전히 똑같지는 않아도 매우 비슷한 것을 말하고 있다는 느낌을 받았습니다. 그리스도교인들은 '하느님의 뜻에 따라 행하는 자는 누구든지……'라는 예수님의 말씀을 인용하곤 합니다. 이때 '하느님의 뜻에 따라 행하는 것'은 불교에서 말하는 '진리의 수행'과 같은 것이라고 말할 수 있을까요? 아니면 이런 식으로 생각하는 것 자체가 잘못된 것일까요? 서론이 너무 길었지만, 결국은 이것이 질문입니다! (웃음)

(달라이 라마) 일반적으로 말해 영적인 깨달음은 여러 가지 면에서 그리스도교와 불교가 같다고 말할 수 있습니다. 자비, 사랑, 관용 등이 그것입니다. 티베트 전통에서는 이 세 가지를 깨달음에 이르는 방편으로 삼고 있습니다.

저는 아잔 아마로 스님의 질문에 답하기 위해 먼저 불교에서 말하는 영적 깨달음에 대해 말하고자 합니다. 그러기 위해서는 모든 불교 학파가 공통으로 쓰고 있는 말로 그것을 설명해야 하겠지요.

불교 철학의 모든 학파들은 '네 가지 고귀한 진리'에 대해 말합니다. 또 진리 자체를 절대적 진리와 세속적 진리 두 가지로 나눠서 말합니다. 심지어 불교와 상관없는 고대 인도의 대표적인 학파인 상캬 학파에서도 절대적 진리와 세속적 진리에 대해 말합니다. 하지만 이 네 가지 진리와 두 가지 진리를 실제로 정의하는 문제에 이르면, 학파마다 그 뜻과 특징을 놓고 여러 가지 차이가 있음을 알 수 있습니다.

예를 들어 불교의 위대한 스승에 나가르주나(150∼250년경 사람으로《중송》이라 불리는 간결한 게송을 지어 대승불교의 사상 전개에 막대한 영향을 끼쳤다)라는 분이 있습니다. 이분의 사상을 찬드

라키르티(《입중론》의 저자. 나가르주나의 사상을 '공'을 깨닫는 지름길로 보고 주석을 달았음)와 아리야데바(《백론》의 저자. 나가르주나의 사상을 바탕으로 대승불교의 공, 무아론을 확립했음)라는 학자 승려가 해석했습니다. 그리고 그 해석을 따르는 것이 대승불교의 프라상기카 중관파입니다.

이들은 불교의 여러 아비다르마(부처님 말씀에 대한 체계적인 해설)에서 '아라한의 이상'으로 설명하고 있는 열반이나 해탈의 상태를 최종적이고 완전한 상태로 받아들일 수 없다고 말합니다. 중관파의 시각에서 보면 다른 학파에서 설명하고 있는 열반과 해탈의 정의는 충분하지 못합니다. 깨달음을 성취하는 데 가장 큰 장애물이 되는 인간의 근본적인 무지, 잘못된 이해, 미혹에 사로잡힌 상태 등을 제대로 분석하지 못했다는 것입니다. 만약 해탈을 얻는 데 장애가 되는 미혹 상태를 제대로 확인하지 않았다면, 거기서 말하고 있는 장애 대처법도 완전한 것이 아닐 것입니다. 그러니 거기서 말하고 있는 해탈이나 아라한의 이상 역시 완전한 것이 될 수 없습니다.

따라서 여러분은 다음과 같은 사실을 알 수 있습니다. 여러 불교 학파들이 서로 같은 용어를 쓴다 할지라도 그 용어들이 언제나 같은 의미를 갖는 것은 아니라는 것입니다. 아라한의 이상이라든가, 공이라든가, 해탈이라든가, 혹은 장애가 되는 감정이나 망상 등 같은 단어라 해도 그 뜻은 저마다 약간씩 다를 수 있습니다. 단어가 같고, 그 일반적인 뜻도 같을 수 있습니다. 하지만 세부적으로 파고들면 불교 학파에 따라서 그것들을 정의 내리는 것이 다르기 때문에 그것들에 대한 이해도 크게 다릅니다.

　　아마로 스님께서 긴 서론을 짧게 줄인 것처럼 저도 제 얘기를 간단히 하면, (웃음) 어떻게 접근하는가에 따라 심각한 차이가 만들어진다는 것입니다. 그리고 이런 다양한 접근법들이 가진 차이와 독특함은 깊은 의미에서 볼 때 매우 가치 있는 것이라고 저는 믿습니다.

　　과거 인도의 불교 학자들처럼 위대한 스승들의 심오한 글을 보면 그 가치를 특히 잘 이해할 수 있습니다. 이들 스승들은 단지 추상적인 지적 토론에 몰두한 학자들이 결코 아니었습니다. 깊은 명상 수행에 전념하면서, 헌신적이고 진실한 자세로 부처님을 따르던 이들이었습니다. 그분들은 심오한 깨달음과 경험을 했을 뿐 아니라 더불어 살아가는 생명체들을 향한 무한한 자비심을 마음에 지니고 있었습니다.

　　그러므로 그분들이 작은 차이를 인식해서 그것을 꼼꼼하게 분석한 것은 순전히 자비심에서 나온 것이라고 저는 믿습니다. 또한 그분들 자신이 깨닫고 경험한 것을 다른 사람들과 함께 나눠야겠다는 마음에서 그런 세밀한 생각들을 글로 표현했다고 믿습니다. 저는 그분들이 우리의 혼란을 부추기기 위해 복잡한 글을 쓴 것은 아니라고 확신합니다! (웃음)

(아일린 오히아) 성인을 직접 뵙게 되어 큰 영광입니다. 저는 불교가 우리의 그리스도교와는 어떤 차이가 있는가를 알고 싶습니다. 우리는 예수라는 인물을 먼저 역사 속 인물로 봅니다. 하지만 예

수님의 사명 중 하나는 우리가 하느님과 맺고 있는 관계를 두려움이나 단순히 교리에 의한 관계에서 사랑과 친근함에 의한 관계로 바꾸는 일이었습니다. 그리스도교인으로서 우리는 죽음으로부터 부활하신 예수님을 믿습니다. 또한 아직도 우리들 가운데 살아 계신 예수님을 믿습니다.

우리는 언제라도 우리와 함께 있는 예수 그리스도를 체험할 수 있다고 믿습니다. 개인적으로 그 체험은 사랑과 헌신의 체험입니다. 우리의 종교적 수행이 깊어질수록, 그리스도에 대한 우리의 헌신도 깊어집니다. 그래서 우리들 중 많은 사람이 명상을 하고 있습니다.

그리스도를 체험하는 일도 처음에는 다른 사람과의 관계와 마찬가지로 시작됩니다. 어떤 사람과 사귈 때 우리는 먼저 그 사람을 알려고 합니다. 처음에는 그 사람을 존경하는 마음이 있더라도 그를 단순히 하나의 대상으로 바라보려고 합니다. 그러다가 차츰 우리는 그리스도의 피상적인 성격을 이해하는 것에 그치지 않고 그 내면을 이해하기에 이릅니다. 결국 우리는 그리스도가 가진 의식과 하나가 됩니다. 그리스도교인에게 이런 영적인 여행은 아주 개인적이고 친밀한 것입니다. 불교에도 이것과 비슷한 체험이 있는지요?

(달라이 라마) 불교 수행에도 확실히 그것과 비슷한 것이 있다고 말할 수 있습니다. 앞에서도 말씀드린 것처럼 그리스도교와 마찬가지로 불교에도 중요한 것이 있습니다. 바로 흔들림 없는 확신

과 믿음에 뿌리를 두고 영적 수행을 해야만 한다는 것입니다. 그리고 수행자는 자신의 영적 행복을 귀의의 대상에게 온전히 맡겨야만 합니다.

불교에서 모든 수행자는 부처님, 부처님이 설하신 진리, 그 진리를 따르는 공동체라는 세 가지 보물에 귀의해야 하며, 모든 것이 거기서부터 출발하지 않으면 안 됩니다. 그리고 그중에서도 특히 부처님에게 귀의하는 것이 중요합니다. 부처님은 완전한 깨달음을 얻어 인간으로서 최고의 완성을 이룬 분입니다. 부처님에게 귀의함으로써 수행자는 그분의 지도에 자신의 영적 행복을 맡깁니다. 그리고 자신도 그런 깨달음의 상태에 이르는 것을 목표로 삼게 됩니다.

따라서 우리는 귀의에도 여러 측면이 있음을 알 수 있습니다. 귀의라는 말은 부처님과 '하나가 된 상태에 이르다'는 뜻으로 쓰이기도 합니다. 이 표현은 수행자가 자신의 존재를 잃어버리고 부처님 속으로 녹아 없어진다는 뜻은 아닙니다. 부처님처럼 완전한 깨달음을 얻은 존재가 되는 것을 강조하기 위한 것입니다. 따라서 이 관계에서도 개인적인 체험이 매우 중요하게 작용하고 있습니다.

(로렌스 신부) 달라이 라마 성인께서 말씀하셨듯이 우리는 이 자리에서 하나로 통합된 거대한 종교를 만들려 하고 있는 것은 아닙니다. 하지만 우리는 지금 깊은 일체감을 느끼고 있습니다. 일체감이 있는 곳에는 차이점도 있습니다. 성인께서 방금 말씀하셨

듯이 불교인들은 부처님에게 귀의합니다. 말하자면 부처님은 그들의 스승입니다. 마찬가지로 그리스도교인들은 예수님을 따르며, 불교인들처럼 특별한 스승에게 모든 것을 다 바쳐 헌신합니다. 물론 여기에는 분명한 차이가 있습니다. 제 생각에 그 차이는 부처님과 예수님의 본질을 이해하는 방식, 설명하는 방식의 차이에서 오는 것 같습니다.

그렇더라도, 영적인 길을 가거나 제자가 되는 일에서 사실상 두 종교는 많이 비슷합니다. 이를테면 예수님은 자신을 따르려면 우리가 스스로를 버려야 한다고 말합니다. 그런데 저는 개인적으로 불교에도 자아를 버리고 자기중심주의를 초월해야 한다는 위대한 지혜가 있음을 발견했습니다. 그리고 예수님이 우리에게 서로를 사랑하고 적을 사랑하라고 말씀하실 때 그것과 똑같은 지혜를 봅니다. 오늘 아침 당신은 불교적인 시각으로 그것을 참으로 아름답고 훌륭하게 설명해 주셨습니다.

어제 우리는 화면으로 당신이 북인도 다람살라에서 시계를 수리하고 있는 모습을 보았습니다. 저는 시계가 어떻게 작동하는가를 때로 불교를 통해 더 잘 이해할 때가 있습니다. 하지만 불교인과 그리스도교인 모두가 직면하고 있는 것은 '시간'의 의미라는 문제입니다. 이것은 말로 쉽게 설명할 수 없습니다.

성인께서는 다른 종교들 간의 관계를 이해하는 방법으로 이 시간의 문제를 어떻게 생각하십니까? 결국 가장 중요한 것은 불교와 그리스도교가 어떻게 서로 대화를 나누면 좋은가, 오늘날 우리가 어떻게 서로를 이해하면 좋은가 하는 것이라고 저는 생각합니다. 왜냐하면 이 두 종교의 만남은 세계를 위해 정말로 중요하기 때문입니다.

(달라이 라마) 의미 있는 대화를 나누기 위해서는, 다시 말해 두 종교가 서로를 풍성하게 만들어 주는 대화를 나누기 위해서는, 하나의 전제가 필요하다고 저는 느낍니다. 그것은 이 세상 사람들의 다양성을 깨닫는 일입니다. 이 지구별에 살아가는 사람들의 다양한 정신적 성향, 관심, 영적 기질을 분명히 알아야 한다는 것입니다.

어떤 사람들에게는 창조주에 대한 믿음을 바탕으로 한 그리스도교가 도덕적으로 생활하는 데 가장 큰 영향을 끼칩니다. 또한 윤리적으로 건전하게 행동하는 데 큰 동기가 되어 줍니다. 하지만 모든 사람들이 그렇지는 않을 것입니다. 다른 사람들에게는 창조주에 대한 믿음을 강조하지 않는 불교가 더욱 가까이 다가갈 수 있습니다. 불교에서는 초월적인 존재보다는 개인의 책임감을 더 중요하게 여깁니다.

나아가 정말 중요한 것은 두 종교가 공통된 목적을 갖고 있다는 것을 깨닫는 일입니다. 그 목적이란 완전한 깨달음에 이른, 영적으로 성숙하고 따뜻한 마음을 지닌 사람을 탄생시키는 일입니다.

목적이 같다는 것, 그리고 인간의 정신적 성향이 다양하다는 것, 이 두 가지 점을 깨닫게 되면 대화의 기초가 단단히 놓여진 것이라고 저는 생각합니다. 저는 언제나 이 두 가지 전제를 마음에 품고 다른 종교와의 대화에 참가합니다.

(로렌스 신부) 한 개인의 성향에 따라 영적 추구의 길이 달라진다는 그 말씀에는 심오한 진리가 담겨 있다고 저는 생각합니다. 하지만 한편으로는 그것이 사실이라면 과연 어느 한 종교가 진리를 완전하게 깨달았다고 주장할 수 있을지 의문이 갑니다. 우리는 지금 성인께서 말씀하신 것의 의미를 새로운 눈으로 탐구해 들어가고 있는데, 이것은 종교의 역사에서도 대단히 새로운 시도이고 매우 중요한 진화 단계라고 저는 느낍니다. 이것은 이제까지 여러 종교들이 말해 온 것과는 180도 다른 것입니다! (웃음)

(달라이 라마) 저는 진리라고 해서 오직 하나의 얼굴만 갖고 있는 것은 아니라고 말하곤 합니다. 다양한 차원을 가진 진리를 생각해 볼 수도 있습니다. 이것은 대승불교 중관파의 철학적 관점에서 볼 때 특히 맞는 말입니다. 이 학파에서는 진리라는 개념조차도 상대적인 차원을 갖고 있다고 말합니다. 어떤 것이 진리라는 것은 거짓과 관련해서만, 혹은 다른 어떤 것과 관련해서만 할 수 있는 말입니다. 만약 진리를 영원하고 끝이 없는 것으로 가정하고, 어떤 참고할 만한 기준도 필요 없는 것이라고 단정한다면 정말 문제가 될 것입니다.

　　여러 상황에 따라 부처님이 다양한 가르침을 주신 것을 예로 들어 봅시다. 그중에는 얼핏 보기에 서로 모순되는 것처럼 여겨지는 것도 있습니다. 부처님은 자신의 존재에 강한 집착을 가진 사람들에게 '무아'를 가르치셨습니다. 동시에 부처님은 세상에는 어떤 것도 존재하지 않는다고 주장하는 사람들에게는 '자아'를 가르치셨습니다. 불교의 근본 가르침이 무아인데도 말입니다. 하지만 이 모두가 진리입니다. 부처님의 말씀을 듣던 사람들의 이해력이나 당시의 상황, 문맥 등을 고려해 볼 때 그것이 진리였던 것입니다.

불교에서는 이런 식으로 진리를 이해합니다. 중관파처럼 보다 수준 높은 불교 학파에서는 그때 부처님이 말씀하신 것 같은 '무아'에 대한 가르침은 이치에 맞지 않으며, 그런 무아의 견해는 완전하고 최종적인 진리가 아니라고 주장할 것입니다. 하지만 중관파는 여기서 한 걸음 나아가 부처님이 잘못 가르쳤다고 말하지는 않습니다. 그들조차도 그것은 진리의 말씀이라고 말할 것입니다. 왜냐하면 그때의 특수한 상황과 문맥을 생각할 때는 그 말이 진리이기 때문입니다.

하지만 이런 설명은 정말 복잡한 것 같군요! (웃음)

우리가 지금까지 나눈 얘기를 간추리면, 자비와 사랑과 명상과 관용처럼 윤리적이고 영적인 수행에 대해서는 불교와 그리스도교가 대화를 통해 서로에게 많은 도움을 줄 수 있습니다. 또한 그 부분에서는 많은 일치점을 발견할 수 있으리라고 저는 생각합니다. 그리고 우리가 이런 대화를 더욱 깊이 나누다 보면, 어느 순간 서로에 대해 매우 깊은 수준의 이해에 도달할 수 있습니다.

하지만 철학이나 형이상학적인 주제를 놓고 대화를 한다면 우리는 의견을 달리해야 한다고 생각합니다. 불교의 세계관은 모두 연기론을 중심으로 한 철학적 관점에 바탕을 두고 있습니다. 연기론이란 모든 사물과 사건이 순전히 원인과 조건의 상호작용의 결과로 일어난다는 원칙입니다. 이런 철학적 세계관 안에는 그리스도교에서 말하는 궁극적이고 영원하며 절대적인 진리가 들어설 자리가 거의 없습니다. 또한 하느님에 의한 천지창조의 개념도 받아들이기 불가능합니다.

　마찬가지로 그리스도교가 가진 형이상학적 세계관은 전적으로 천지창조와 창조주에 대한 믿음을 기초로 하고 있습니다. 따라서 이런 세계관 안에서는 단순히 원인과 조건의 상호작용으로 모든 사물과 사건이 생겨난다는 연기론의 생각이 들어설 자리가 거의 없습니다. 그러므로 형이상학적인 영역에 들어서면 어떤 부분에서는 심각한 차이가 있으며, 두 종교는 이곳에서 뚜렷이 갈라설 수밖에 없습니다.

　하지만 저는 대화를 통해 윤리와 행동 규범, 나아가 형이상학 분야에서도 서로를 더 잘 이해하고 존중할 수 있다고 생각합니다. 다시 말해 서로 일치하고 공통점이 있는 분야뿐 아니라 차이가 많고 대립되는 분야에서도 그것이 가능하다는 것입니다. 윤리와 행동 규범의 분야에서는 그것이 더 쉬울 것입니다. 왜냐하면 비슷하고 일치하는 내용이 많아서 많은 애기를 나눌 수 있고 서로를 더 잘 이해하고 존중할 수 있기 때문입니다.

　근본적인 차이가 있는 형이상학적인 분야에서도 대화를 통해 그런 차이를 뛰어넘는 것이 가능하다고 저는 느낍니다. 그런 차이가 존재한다는 것을 인정하면서 동시에 그것들이 같은 목적과 효과를 갖고 있음을 이해한다면 말입니다. 그리스도교와 불교는 형이상학적인 입장에서는 대단히 멀리 떨어져 있는 것처럼 보이지만, 그것들은 둘 다 똑같이 훌륭한 인간을 창조하는 것을 목표로 하고 있습니다. 영적으로 성숙하고, 윤리적으로 건강한 사람을 탄생시키는 것이 두 종교의 목적입니다. 따라서 차이가 있다고 해서 우리가 서로 다르다고 말할 것까지는 없습니다.

(아일린 오히아) 저의 질문은 간단합니다. 만약 당신과 예수님의 만남이 이루어질 수 있다면, 예수님을 만나시겠습니까? 만나신다면 어떤 질문을 하고 무슨 대화를 나눌 생각이십니까?

(달라이 라마) 부처님에게 귀의한 불교인이 예수 그리스도 같은 인물을 만난다면, 완전한 깨달음에 이른 보살을 대하는 것처럼 깊은 존경심을 가질 것입니다. 왜냐하면 예수님께서는 그 생애를 통해 수많은 사람들의 마음에 깊은 영향을 주었고, 사람들을 고통으로부터 해방시켰기 때문입니다.

(아일린 오히아) 성인께서 예수님께 물어보고 싶은 질문은 없으신가요?

(달라이 라마) 제가 묻고 싶은 첫 번째 질문은 '하느님 아버지는 어떤 분입니까?' 하는 것입니다. 왜냐하면 우리가 하느님 아버지의 본질을 정확히 이해하고 있지 않아, 지금 이곳에서 너무 많은

혼란이 일어나고 있기 때문입니다! (웃음)

(아일린 오히아) 요즘은 하느님을 아버지라고만 하지 말고 어머니로도 봐야 한다는 주장이 있지요! (웃음)

(로렌스 신부) 성모 마리아도 이 모임에 함께 참석하시면 좋겠군요! (웃음)

(달라이 라마) 성모 마리아의 그림이나 상을 볼 때마다 저는 그분이 사랑과 자비를 대표하고 있다고 느낍니다. 마리아는 사랑의 상징과 같습니다. 불교에서는 타라 여신이 마리아와 아주 닮았습니다.

(아잔 아마로) 성인께 또 다른 형이상학적인 문제를 여쭤 봐도 될지 모르겠습니다. 역시 두 종교의 차이에 대해서입니다. 저는 어떻든 서양인입니다만, 예수 그리스도를 유일무이한 존재로서 받아들이는 일이 저로서는 무척 어렵습니다. 또한 예수님을 지금까지 이 세상에 온 그 어떤 사람과도 다른, 절대적으로 특별한 존재로 이해하는 것이 아무래도 쉽지 않습니다.
　　저는 당신께서 이 점에 대해 어떻게 생각하시는지 궁금합니다. 왜냐하면 우리는 이런 사상을 그리스도교 책자에서 자주 보게 되기 때문입니다. 예수는 세상에서 둘도 없는, 유일무이한 절대적 존재라는 그리스도교의 가르침에 대해 성인께서는 어떤 의견을 갖고 계십니까?

(달라이 라마) 예수 그리스도의 유일성을 그리스도교인이 어떻게 이해하면 좋은가를 묻는 질문이라면, 저의 대답은 이렇습니다. 성경에 적혀 있는 그 유일성의 참뜻을 이해하려면 과거의 영적 스승들이 남긴 권위 있는 책들에 의지하라는 것입니다. 세상에는 그 질문에 해답을 주는 그리스도교의 훌륭한 책들이 많이 있습니다. 하지만 스님께서 저의 개인적인 의견을 묻고 있는 것이라면, 저는 이미 앞에서 대답을 했습니다. 한 사람의 불교인으로서 저는 예수 그리스도를 완전한 깨달음을 얻은, 아주 높은 영적 실현을 이룬 보살로 생각합니다.

　　스님의 질문과 직접 관계는 없는 얘기지만, 저는 지난해 한 사람의 성지 순례자로서 프랑스의 루르드 지방에 간 적이 있습니다. 그곳에 있는 동굴 앞에서 저는 아주 특별한 경험을 했습니다. 강렬한 영적 파동을 느꼈는데, 그곳에 마치 어떤 영혼이 있는 것 같은 느낌이었습니다. 이윽고 저는 성모 마리아상 앞에서 기도했습니다. 오랜 기간 동안 사람들에게 용기와 힘을 주고, 마음의 위안을 주고, 수백만 명의 사람을 치유해 준 그 성소를 찬양하는 기원문도 올렸습니다. 그리고 저는 앞으로도 오랫동안 그 장소의 성스러운 작업이 계속되기를 기도했습니다.

　　저는 그곳에서 분명히 정해진 어떤 대상, 곧 부처님이나 예수 그리스도나 혹은 보살을 향해 기도를 한 것은 아니었습니다. 저는 모든 살아 있는 생명체에게 무한한 자비심을 가진 모든 위대한 존재들을 향해 기도한 것입니다.

(로렌스 신부) 성인께서 강의하신 내용을 놓고 토론을 벌인 어느 소그룹에서 질문을 보내 왔습니다. 고통에 대한 당신의 말씀에 대한 질문입니다. 당신께서는 지난번 강의에서 이겨 낼 수 있는 고통과 그럴 수 없는 고통에 대해 말씀하신 적이 있습니다. 질문은 이것입니다. 그렇다면 그 두 가지 고통의 차이는 무엇인가요? 어떻게 그 차이를 구별하는지 당신의 경험에 비추어 우리에게 말씀해 주시겠습니까?

(달라이 라마) 저는 그 차이가 아주 분명하다고 생각합니다. 무엇인가 문제가 생겨서 여러분이 그 문제를 해결하려고 최선을 다했다고 합시다. 그럼에도 불구하고 문제가 끝까지 그대로 남아 있다고 한다면, 그렇다면 그 문제는 극복할 수 없는 문제입니다. 우리에게 닥쳐 온 어떤 고통이 극복할 수 있는 것인가 아닌가를 처음부터 천리안을 갖고 결정할 수 있는 것은 아닙니다. 그렇게 생각하는 것은 잘못입니다.

(로렌스 신부) 감사합니다. 지금 저는 성인께 드릴 아주 간단한 질문 네 가지를 더 갖고 있습니다. 이것은 오늘 나온 질문들 중에서 가장 짧은 질문일 뿐 아니라 가장 어려운 질문일지도 모르겠습니다. 성인께 이 질문들을 한꺼번에 드리도록 하겠습니다. 환생은 무엇입니까? 지금 우리 내부에 있는 신성은 무엇입니까? 죽음

다음에는 무엇이 있습니까? 과연 우리의 마음이 우리의 현실을 창조합니까?

(달라이 라마) 마지막 질문부터 먼저 말씀드리고 싶군요. 사람이 체험하는 아픔, 고통, 즐거움, 행복 같은 것은 어느 정도 마음에서 비롯되는 경우가 종종 있습니다. 실제로 그것들은 대부분 마음이 만들어 낸다고 할 수 있습니다. 하지만 그렇다고 해서 우리의 현실 세계를 전부 마음이 만들어 낸 것이라고 말한다면, 그것은 아주 다른 문제입니다. 불교에는 그렇게 주장하는 학파들도 있지만 다른 의견도 있습니다. 제가 개인적으로 지지하는 대승불교 중관파의 시각에 따르면, 모든 것이 마음에 의해 창조되었다는 생각은 받아들일 수 없습니다.

—

여기서 달라이 라마 성인은 웃으면서 토론 참석자인 아잔 아마로 스님, 로렌스 신부, 아일린 수녀에게 한 사람씩 남은 세 가지 질문에 답해 달라고 말했다. 남은 질문은 환생은 무엇인가, 지금 우리 안에 있는 신성은 무엇인가, 죽음 다음에는 무엇이 있는가 하는 것이다.

—

(아잔 아마로) 환생은 무엇인가? 소승불교에는 이것에 대한 확립된 교리가 없습니다. 물론 부처님은 여러 자리에서 환생의 과정을 아주 분명하게 설명하셨습니다. 하지만 부처님은 또한 모든 지식은 개인의 체험에 바탕을 둔 것이라고 하셨습니다. 따라서 부처님이 여러 차원에 걸친 존재계에서의 죽음과 환생을 말씀하셨지만, 그것은 부처님 개인이 그린 안내도와 같은 것입니다. 우리가 개인적으로 그것을 꼭 믿어야 할 필요는 없습니다. 오히려 우리의 존재를 설명하는 데 도움을 주는 한 가지 방식으로 이해하는 것이 옳습니다.

일반적으로 말해 환생은 우리의 습관이라고 할 수 있습니다. 이것이 환생의 본질입니다. 마음이 습관적으로 집착하고 있는 것은 모두 환생합니다. 이를테면 우리가 사랑하는 것, 미워하는 것, 두려워하고 숭배하는 것, 의견을 갖고 있는 것, 이런 모든 집착이 환생을 만들어 냅니다. 우리 자신이 이런 마음들과 하나가 될 때 뒤에서 미는 힘이 생겨납니다. 집착은 말하자면 탄력이 붙은 바퀴와 같습니다.

깨달음은 환생의 끝을 의미합니다. 이것은 집착에서 완전히 벗어난 것을 의미합니다. 모든 생각, 감정, 이해, 육체적 감각, 관념들에 대한 집착을 버리고, 그것들과 자신을 하나로 보려는 생각을 완전히 끊어 버리는 것입니다. 그러므로 우리가 탄생과 죽음의 수레바퀴에서 벗어나는 것을 말할 때, 다시 말해 환생의 끝을 말할 때, 그 마음은 당연히 깨달은 상태에 있어야 합니다. 마음 내부의 것이든 외부의 것이든 어떤 것에도 붙잡혀 있지 않아야 합니다. 어떤 것과도 자신을 연결하지 않으며, 털끝만큼도 물들지 않은 자연 그대로의 마음 상태여야 합니다.

우리는 삶에서 삶으로 환생을 거듭하고 있습니다. 그것은 맹목적으로 대상과 자신을 동일시하는 우리의 습관 때문입니다. 한편 대승불교에서 말하는 보살의 경우에는, 다른 사람들의 행복을 염려하는 자비심에서 다시 태어나는 것을 선택한다고 합니다. 사실 대승불교는 제가 몸담고 있는 소승불교와는 약간 다르기 때문에 제가 잘못 알고 있다면 서슴지 말고 지적해 주시기 바랍니다.

일반적으로 대부분 사람들에게 환생은 계획적이라기보다는 우연적으로 일어납니다. 하지만 이 우연한 환생을 막지 못하는 것은 어디까지나 그 사람의 집착 때문입니다. 그러므로 보살이 일부러 다시 태어난다면 그것은 일부러 어떤 것에 집착하는 마음을 갖기 때문일 것입니다. 지금 저는 여기 있는 종이를 집어서 가질 수 있습니다. 하지만 이것은 평화로운 마음으로 갖는 것입니다. 한편 "이것은 내 종이야!" 하고 말하면서 그것에 집착을 보일 수도 있습니다. 이것은 종이에 대한 집착이고 소유입니다. 맹목적으로 그것에 달라붙는 것입니다.

환생은 집착이 없이도 일어날 수 있는데, 그것은 단순히 육체를 선택해서 갖는 것입니다. 보살은 그런 식으로 몸을 받아 태어나지만 그것에 집착하지 않습니다. 이렇게 계속 말하다간 수다스러운 사람이 되겠군요. 하지만 저로서는 이것이 가장 간단히 줄여 말한 것입니다! (웃음)

(로렌스 신부) 그다음 질문은, 지금 이 장소에서 우리 안에 있는 신성은 무엇인가 하는 것입니다. 그리스도교에도 다양한 해석이 있다는 것을 보여 주기 위해, 저는 아일린 수녀와 함께 이 질문에 대답하겠습니다. 저는 신성이 우리의 근원, 우리 존재의 기원이라고 생각합니다.

사도 바울은 하느님을 근원이고, 안내자이며, 지금 존재하는 모든 것의 목표라고 설명했습니다. 사도 바울은 또한 에베소 사람에게 보낸 편지에서 이렇게 말하고 있습니다. 하느님은 세상이 시작되기 전에 이미 우리를 알고 있었으며, 우리들 한 사람 한 사람을 개인적으로 선택하셨다는 것입니다.

하느님은 시간과 공간의 근원이며, 만물의 근원이고, 우주의 근원입니다. 이 모든 것은 하느님의 신비 속에 존재합니다. 따라서 우리 자신 역시 영원히 하느님의 신비 속에 존재합니다. 우리는 사랑하고 표현하는 본성을 지닌 하느님으로부터 표현되어 나온 존재들입니다.

저는 우리 안에 있는 신성과 거룩함이 곧 우리의 기원이자 근원이라고 생각합니다. 우리는 언제나 이 근원과 하나입니다. 존재하는 모든 것은 언제나 그 근원과 하나입니다. 그것이 우리의 거룩함이자 신성입니다. 근원으로부터 목적지로 가는 여행이 지금 우리가 하고 있는 이 여행입니다. 이 여행은 출발지와 목적지가 같은 장소, 같은 지점에 있습니다. 그것은 구원과 깨달음으로 가는 여행입니다.

(아일린 오히아) 그리스도교의 가르침에서 언제나 볼 수 있는 것이 있습니다. 그것은 우리가 하느님의 형상으로 만들어졌으며, 우리는 성령이 머무는 신전이고, 우리는 이미 하느님과 하나라는 것입니다. 하지만 인간이라는 한계 때문에 우리는 이것을 완전히 경험하지 못합니다. 그것은 또한 우리가 여전히 자신의 타성적인 마음과 행동 양식에 사로잡혀 있기 때문입니다.

우리가 명상을 하고 영적 수행을 하는 것은 그것 때문입니다. 선불교에서 말하는 '본연의 얼굴'로, 다시 말해 하느님에 의해 창조된 그 본래의 체험으로 돌아가기 위한 것입니다. 성인께서도 말씀하셨듯이, 이것은 자신을 잃어버리는 일이 아니라 하느님과의 일체감을 체험하는 일입니다.

(로렌스 신부) 그럼 이제 우리는 촛불을 켜고 명상에 들어갈 준비를 하겠습니다.

—

명상을 준비하면서 달라이 라마 성인은 청중을 대표하는 몇 사람과 함께 다양한 종교의 조화를 상징하는 의미에서 다섯 개의 초에 불을 붙였다. 이 의식을 우리는 세미나 기간 동안 하루도 빠짐없이 행했다. 아주 단순하며, 장엄한 의식 절차 없이 행해지는 것이었지만, 촛불을 켜는 일은 그 자체의 신비로운 생명력을 갖기 시작했다. 즉흥적인 것도 아니고 의례적인 것도 아닌, 순수한 분위기가 느껴졌다.

우리가 아는 한 모든 문화와 종교는 빛과 불을 외경과 숭배의 대상으로 여겨 왔다. 따라서 불을 붙이는 행위에는 신성한 의미가 부여되었다. 하지만 우리의 경우에는 정해진 의식 절차가 없었고, 또 촛불은 종종 흔들리다가 꺼지기도 하기 때문에 모임을 갖는 잠깐 동안만 촛불이 켜져 있었다. 완벽한 것과는 거리가 멀었지만, 감동적일 만큼 인간적이고 자연스러웠다.

촛불을 켠 뒤 달라이 라마 성인께서는 단상 한가운데로 돌아가 등받이가 똑바른 의자에 앉았다. 그러자 강의실 조명이 흐려졌다. 성인은 승복의 여러 단을 말아서 접고 고요한 자세로 고쳐앉았다. 그러고는 염주를 꺼내 눈을 감고 기도를 드리기 시작했다. 할머니와 어머니 대대로 그리스도교를 믿어 온 많은 청중들은 달라이 라마의 소박한 몸가짐, 특히 염주를 돌리는 너무나 자연스럽고 편안한 모습에 문화와 언어의 장벽을 뛰어넘어 깊은 인상을 받았다.

물론 찬불가는 아베 마리아와는 완전히 다른 울림을 가져다주었다. 그러나 노래를 부르는 이나 듣는 이 모두의 마음속에 서로에 대한 깊은 존경심이 담겨 있다는 것은 의심할 여지가 없었다.

—

모든 생명 가진 존재들을
소원을 들어 주는 보석보다도
더 뛰어난 존재로 여겨
최고의 목적을 이루려는 결심을 지니고
나로 하여금 언제나 중생을 사랑하게 하소서.

다른 사람들과 함께 있을 때
언제나 나 자신을 가장 낮은 사람으로 생각하고,
내 가슴속 깊이
그들에게 애정과 존경을 보내게 하소서.

나 자신과 다른 사람을 위험으로 몰아넣는
번뇌가 마음속에 들어오는 순간
정신을 바짝 차려
한순간도 지체하지 않고
그것에 맞서 물리치게 하소서.

악한 본성을 가진 이들이
폭력적이고 부정적인 행동에 사로잡혀
고통받는 것을 보면
마치 귀한 보석을 발견한 것처럼
그들을 사랑할 수 있게 하소서.

다른 사람들이 질투심에서 나를 비난하고
터무니없이 욕을 퍼부어도
나는 기쁜 마음으로 패배를 받아들이고
다른 사람에게 승리를 주게 하소서.

큰 기대를 품고
내가 은혜를 베푼 사람이
나를 심하게 상처 입힐지라도
나는 그를 거룩한 영혼의 친구로 여기게 하소서.

직접적으로 혹은 간접적으로
나의 어머니인 모든 중생에게
행복과 이익을 함께 바칠 수 있게 하소서.
그들에게 고통을 주고 상처를 주는 모든 것을
남몰래 내가 대신 받을 수 있게 하소서.

그들로 하여금
세속의 여덟 가지 이해관계에서 생겨난
생각에 물들지 않게 하시고
모든 것이 환상임을 깨닫게 하소서.
모든 중생이 집착에 묶인 상태에서 벗어나
해탈을 얻게 하소서.

모습의 변화

| 누가복음 9장 28절-36절 |

이 말씀을 하신 후 팔 일쯤 되어 예수께서 베드로와 요한과 야고 보를 데리고 기도하시러 산에 올라가셨다. 기도하실 때 얼굴이 변하셨고, 그 옷은 희어져 광채가 나더라. 문득 예수와 함께 말하는 두 사람이 있었으니, 이는 모세와 엘리야였다. 그들은 영광 가운데 나타나 장차 예수께서 예루살렘에서 돌아가실 운명이라고 말했다. 그러는 동안 베드로와 그의 동료들은 깊이 잠들었다가 깨어나 예수의 영광과 함께 서 있는 두 사람을 보았다.

두 사람이 떠날 때 베드로가 예수께 여쭈었다. "주여 우리는 여기 있는 것이 정말 좋습니다! 오두막 세 채를 짓되 하나는 주를 위해, 하나는 모세를 위해, 하나는 엘리야를 위해 짓는 게 어떨까요?" 하지만 그는 자신이 하는 말을 자기도 알지 못하더라.

이 말이 떨어지는 순간 구름이 와서 그들을 덮으니, 구름 속으로 들어갈 때 그들은 무서워하였는데, 구름 속에서 소리가 들렸다. "이자는 나의 아들 내가 선택한 자이다. 그러니 너희는 그의 말을 들으라." 소리가 그치자 오직 예수만 보이시더라. 제자들은 침묵하였고, 자신이 본 것을 그 당시에는 아무에게도 말하지 않았더라.(누가복음 9장 28절-36절)

복음서의 이 구절에서 우리는 다시 한 번 세계의 주요 종교에 공통적으로 나타나는 주제를 만날 수 있습니다. 이 기록을 통해 우리는 신비한 환상을 경험하는 것이 가능하다는 것을 알 수 있습니다. 그리고 무지개나 구름의 은유가 중요하다는 것도 알 수 있습니다(성경에 나타난 무지개 이미지 중에서 가장 유명한 것은 인간의 사악함 때문에 하느님이 지상의 모든 것을 파괴하기 위해 대홍수를 일으킨 뒤에 나타내 보인 무지개이다. 비슷한 대홍수 전설이 메소포타미아 신화에도 등장한다. 물이 얕아진 다음에 나타난 무지개는 하느님이 다시는 이런 방식으로 세상을 벌하지 않을 것이라는 하느님과 인간 사이의 약속이다. 구름은 모세가 하느님과 대화를 나눌 때 호렙 산에 걸려 있던 구름, 이스라엘 사람들을 사막에서 인도한 구름처럼 하느님의 신비를 상징한다).

물론 복음서의 이 문맥에서는 그 의미가 약간 다를 수도 있습니다. 왜냐하면 예수님은 하느님의 아들로서 유일한 존재이기 때문입니다. 하지만 일반적으로 불교에서는 수행자가 영적인 발전을 이루어 높은 깨달음의 경지에 이르면, 육체적인 차원에서도 그 변화가 나타날 수 있다고 믿고 있습니다.

불교 경전에서도 부처님에 대해 비슷한 이야기를 하고 있습니다. 복음서와 마찬가지로 그 이야기들은 부처님이 어떤 특정한 시간에 특정한 장소에 머무는 것으로 시작됩니다. 부처님의 제자들은 부처님의 외모가 달라진 것을 눈치챕니다. 제자들 중에서도 주로 두 명의 수제자인 사리불과 목련이 그것을 알아차립니다. 몸에서 광채가 나고, 선명한 미소가 떠오르면서 얼굴 전체가 빛을 발합니다. 한 제자가 부처님에게 묻습니다.

"스승님께서 변하셨습니다. 왜 이런 변화가 일어나고 있습니까? 이유가 무엇입니까? 마음속으로 무엇을 생각하고 계십니까? 어서 가르쳐 주십시오."

이 일화는 오늘 우리가 읽는 복음서 구절과 그 내용이 아주 비슷합니다. 모세와 엘리야 두 선지자의 환영이 나타난 것 또한 불교 문헌에 실린 많은 신비한 사건과 일치합니다. 다시 말해 어떤 사람이 역사 속 인물과 마주 대하는 사건입니다. 이것은 '순수한 환영'으로 알려져 있습니다. 역사 속 인물과 신비적인 차원에서 실제로 만나는 경우가 있고, 또 다른 경우는 다른 사람의 육체를 빌려 나타난 역사 속의 인물과 만나는 일입니다. 이런 만남들이 실제로 가능합니다.

이런 불가사의한 현상을 이해하려면 이 환영에 대해 기본적으로 알고 있어야 합니다. 이를테면 이 환영 현상이 얼마나 자율적으로 일어나는가 하는 정도는 그 환영을 만들어 내고 있는 사람의 깨달음의 수준에 달려 있습니다. 깨달음의 정도가 낮은 사람이 만들어 내는 환영의 경우는 그 활동이 많은 제약을 받습니다. 반면에 높은 영적 깨달음을 이룬 사람의 경우는 그 환영이 매우 자유롭게 행동합니다. 한 불교 문헌의 구절을 보면 완전히 깨달은 존재가 만들어 낸 환영은 더없이 자유로운 상태를 누린다고 적혀 있습니다.

그렇다고 그 환영이 실제로 살아 있는 존재인 것은 아닙니다. 그들은 어떤 의미에서는 고도로 진화된 마음이 창조해 낸 것에 불과합니다. 예를 들어 수행승의 계율에는 네 가지 기본적인 사항이 있는데, 그중 하나는 살인하지 말라는 계율입니다. 하지만 살인을 정의하면서, 환영으로 나타난 존재를 죽이는 것이 아니라 실제로 살아 있는 사람을 죽이는 것이라고 말하고 있습니다. 따라서 환영으로 나타난 사람은 실제로 살아 있는 인간으로는 여기지 않습니다.

오늘날에도 신비로운 환영을 경험하는 사람들이 있습니다. 어떤 사람들은 인도와 티베트로 가서 그곳에 영적으로만 존재한다는 위대한 스승들을 만나는 신비 체험을 하기도 합니다. 저도 그런 신비 체험을 했으면 좋으련만, 저는 운이 없었던가 봅니다! (웃음) 저에게는 묻고 싶은 게 정말 많거든요! (웃음) 제가 만약 신비한 환영과 만나게 된다면 저는 하고 싶은 일이 산처럼 많습니다. 제가 과거 인도의 위대한 스승들 중 한 분과 환영으로 만나는 데 성공한다면, 저는 과학자의 편에 서고 악마의 대변자가 되어 수많은 질문을 퍼부을 것입니다! (웃음)

영적으로 대단히 진화한 사람들은 여러 가지 모습으로 자신의 모습을 투사하는 것이 가능하다고 합니다. 하지만 모든 사람이 그 환영을 보고 그 존재를 지각할 수 있는 것은 아닙니다. 그환영을 감지할 수 있는 사람이 되려면 어느 정도 영적으로 성장해야 하고, 마음을 열고 받아들일 수 있어야 합니다. 베드로가 모세와 엘리야의 환영을 보는 복음서의 이 대목에서, 예수님 곁에 다른 제자들이 있었다 해도 그들 중 몇몇은 모세와 엘리야를 알아보지 못했을 가능성이 큽니다.

환영을 만들어 내는 현상이 가능하다면, 우리는 자연히 그것이 어떻게 일어나는지 의문을 가질 수 있습니다. 그 일이 일어나는 것을 어떻게 설명할 수 있을까요? 티베트 불교의 신비주의를 전하는 탄트라 밀교에서는 이 현상을 '프라나'(기 혹은 바람. 티베트어로는 레소)라고 불리는 미묘한 기운의 작용으로 설명하고 있습니다. 여기에 따르면 수행자는 다양한 명상법을 통해 심신의 에너지인 프라나를 어느 정도 자유롭게 부릴 수 있습니다. 밀교가 아닌 일반 불교의 관점에서는 집중력이나 명상의 힘으로 이현상이 일어난다고 설명합니다.

솔직히 말해 이것은 아주 신비로운 현상이고, 저에게는 이것을 자세히 설명할 능력이 없습니다. 이것은 수많은 연구와 조사뿐 아니라 끝없는 실험이 필요한 분야라고 생각합니다.

환영 체험에는 여러 차원이 있지만, 크게 세 가지로 나눌 수 있습니다. 첫 번째는 신비적이고 직관적으로 경험하는 것입니다. 이것은 그 존재가 정말 앞에 있어서 손끝으로 만질 수 있는 것이 아니라, 대상을 직관적으로 느끼는 것입니다. 두 번째는 좀 더 실감나는 만남이지만, 이 경우도 감각으로 느낄 수 있는 차원은 아닙니다. 정신적이고 개념적인 차원에서 경험하는 것입니다. 세 번째가 가장 현실적으로 일어나는 만남이며, 감각으로 경험할 수 있는 만남입니다. 이것은 눈을 크게 뜨고 상대방의 얼굴을 마주보는 것과 같습니다. 그러므로 만남의 정도를 볼 때, 세 번째 경우가 앞의 것들보다 훨씬 더 현실적이고 생생한 만남입니다.

티베트에 있는 라모 라초라는 신성한 호수에도 이것과 비슷한 현상이 있습니다. 호수 수면에 신비한 환영이 떠오르는 것입니다. 저는 외국 관광객들까지 이 호수에서 환영을 보았다고 주장하는 것을 들은 적이 있습니다. 하지만 동시에 열 사람이 호수를 바라본다 할지라도, 각 사람이 서로 다른 환영을 볼 가능성도 있습니다. 물론 열 사람 모두가 똑같은 환영을 볼 수도 있습니다. 가끔 그 환영을 사진으로 담는 데 성공하는 사람들도 있습니다. 왜 이렇게 서로 다른 것일까요? 그것은 풀기 힘든 불가사의입니다. 하지만 뭔가 분명히 이유가 있겠지요(티베트의 이 유명한 호수는 환생한 달라이 라마를 찾아내는 데도 중요한 역할을 했다. 더 자세한 내용은 달라이 라마의 자서전이나, 비키 매킨지가 쓴《그리하여 나는 그의 환생을 보았다》참조).

복음서의 이 구절에는 '운명'에 대한 말이 나옵니다. 이것을 보면서 저는 궁금한 생각이 들었습니다. 그리스도교에서는 모든 인간이 각자 저마다의 운명을 갖고 있다고 믿습니까?

(로렌스 신부) 그렇습니다. 모든 사람에게 운명이 있으며 그것은 궁극적으로 하느님의 존재와 하나가 되는 일입니다.

(달라이 라마) 상황에 따라 개인의 운명이 달라진다고 말할 수도 있습니까?

(로렌스 신부) 그렇습니다. 모든 사람에게는 그 운명을 혹은 '소명'을 받아들일 수도 있고 거부할 수도 있는 자유가 있습니다. 운명은 자유의지와 관계가 있습니다.

(달라이 라마) 불교에서는 운명이라는 말을 쓰지 않고 대신 카르마라는 개념이 있습니다. 아마 이것이 운명에 가장 가까운 말일 것입니다. 카르마는 어느 정도 강제성을 담고 있습니다. 하지만 카르마 역시 그것이 현실로 나타나기 위해서는 그것에 맞는 환경이나 조건이 필요합니다.

앞에서 말씀드렸듯이 구름과 무지개처럼 많은 종교들이 공통으로 사용하고 있는 상징이 있습니다. 물론 무지개가 왜 생기는지는 과학적으로 설명할 수 있습니다. 무지개는 온도와 습도 등 일정한 조건 때문에 생겨납니다. 하지만 색을 갖고 있지 않은, 오로지 순수한 흰빛으로만 된, 그리고 활을 그리는 대신 직선으로 뻗쳐 있는 그 특이한 무지개에 대해 저는 언제나 흥미가 있어 왔습니다. 왜 그런 일이 일어나는 걸까 늘 알고 싶었습니다! (웃음)

티베트 불교에서는 무지개 이미지가 두 가지를 상징합니다. 먼저 흔히 길조와 행운의 상징입니다. 또 한 가지는, 이 세상의 모든 사물과 사건은 환영으로 이루어졌기 때문에 거기에는 실체가 없다는 사실을 보여 주기 위한 방편으로 무지개가 사용되는 경우가 있습니다.

흥미롭게도 복음서의 이 구절은 허공에서 들려오는 목소리에 대해 말하고 있습니다. 불교에도 어딘지 알 수 없는 곳으로부터 목소리가 들려왔다는 기록이 여럿 있습니다. 티베트에서는 7세기경 라토토리 왕 시대에 하늘에서 몇 권의 불교 경전이 떨어졌다는 믿음이 널리 퍼져 있었습니다. 물론 그것은 사실이 아니며, 실제로 이 경전들은 인도에서 들어온 것이라고 주장하는 학자들도 있습니다.

하지만 만약 당시에 경전이 인도에서 온 것이라는 사실이 밝혀졌다면 사람들은 그 경전들을 숭배하지 않았을 것입니다. 그래서 경전이 하늘에서 떨어졌다는 신화가 생겨난 것이고, 이 신화는 티베트 불교의 영적 발전에 특별한 역할을 하게 되었습니다.

전도

| 누가복음 9장 1절-6절 |

예수께서 열두 제자를 불러 모으사 그들에게 모든 귀신을 물리치며 병을 고치는 능력과 권세를 주시고, 하느님의 나라를 전파하며 앓는 자를 고치게 하려고 그들을 내어 보내셨다.

그리고 그들에게 이르시되 "여행을 떠날 때는 아무것도 가져가지 말라. 지팡이나 주머니, 양식이나 돈을 가져가지 말라. 또한 너희는 옷을 여벌로 가져가지 말라. 어느 집에 들어가든지 거기서 머물다가 곧이어 거기서 떠나라. 누구든지 너희를 영접하지 아니하거든 그 동네에서 떠날 때 그들에게 하는 경고로서 너희 발에서 먼지를 털어 버려라."

그러자 제자들이 나아가 각 마을을 두루 돌아다니면서 곳곳

에 복음을 전하며 병을 고치더라.(누가복음 9장 1절-6절)

　제 생각에 이 구절은 모든 종교에 공통된, 매우 중요한 영적 이상에 대해 설명하고 있습니다. 오랜 기간 수행을 계속한 결과 어느 정도 깨달음에 이른 영적 수행자는 그대로 만족해서 머물러 서는 안 된다는 것입니다. 그 수행자는 자리를 떨치고 일어나 다른 사람들에게 그것을 전하러 떠나야만 합니다. 다른 사람들과 그 경험을 나눠야만 합니다. 모든 영적 수행의 본질은 사랑과 자비와 너그러운 마음을 실천하는 데 있습니다. 따라서 일단 그것들을 깊이 경험했다면, 다른 사람과 그 경험을 나누려는 마음을 갖는 것이 당연한 일입니다.

　불교에서는, 교리와 가르침에 두 가지 차원 혹은 두 가지 종류가 있다고 말합니다. 하나는 경전에 기초한 가르침이고, 또 하나는 깨달음에 기초한 가르침입니다. 두 가지 종류의 가르침이 있듯이, 그 교리와 가르침을 따르는 방법도 다릅니다. 경전에 기초한 가르침을 따르는 방법은, 다른 사람들에게 그 내용을 가르치고, 전파하고, 잘 이해가 되도록 의미를 설명하는 일입니다.

　한편으로 깨달음에 기초한 가르침을 따르는 방법은, 자기 자신의 내면에서 깨달음 체험을 키워 나가는 일입니다. 여기 정말로 중요한 것이 있습니다. 다른 사람을 가르치는 사람은 적어도 그 자신이 어느 정도는 그 내용을 체험하고 있어야만 한다는 것입니다. 그리하여 영적으로 깊은 곳에서 그 가르침을 이해하고 있어야만 합니다.

이것은 다른 종류의 의사소통과는 완전히 다릅니다. 어떤 이야기를 전하거나 역사가가 역사를 말하는 것과는 다릅니다. 이야기나 역사는 그것에 대한 실제 체험 없이도 자신이 아는 것을 이용해 다른 사람들에게 지식을 전달할 수도 있고 이야기를 전할 수도 있습니다. 하지만 영적 가르침의 경우에 정말로 중요한 것은, 가르치는 스승이 최소한 어느 정도는 개인적인 체험을 갖고 있어야만 한다는 것입니다. 그래서 그 가르침을 내면에서부터 이해하고 있어야만 합니다.

이 복음서 구절에서 예수님은 제자들에게 여행을 떠날 때 아무것도 가져가지 말라고 지시합니다. 양식, 지팡이, 주머니, 돈도 가져가지 말라고 합니다. 이것은 영적 수행의 매우 중요한 이상을 말하고 있다고 저는 생각합니다. 그 이상이란 소박함과 겸손입니다.

불교에서도 승려들에게 똑같은 지침을 내리고 있습니다. 아무것도 소유하지 말고, 오직 남이 베푸는 것에 의해서만 살아가라는 것입니다. 승려들이 들고 다니는 탁발 그릇을 티베트어로 '룽세'라고 부릅니다. 그것은 '떨어지는 것을 받는 그릇'이라는 뜻입니다. 다른 사람의 시주에 의존해 살아가는 승려는 무엇을 받더라도 좋아하거나 싫어하는 내색을 할 권리가 없음을 이 이름은 분명히 말해 주고 있습니다.

저는 전에 아주 학식 있는 스리랑카 스님과 채식주의에 대해 얘기를 나눈 적이 있습니다. 그분은 불교 승려는 시주에 의존해서만 살아가야 하기 때문에, 채식주의다 비채식주의다라고 구분할 수 없다고 말씀하셨습니다. 주어진 음식은 무엇이든지 불평 없이 받아들여야 하기 때문입니다.

저는 또 복음서의 이 구절을 읽으면서 다음과 같은 티베트 격언이 떠올랐습니다.

'산으로 높이 올라간 명상가가 내려오지 않으면 그의 양식이 그에게로 올라갈 것이다.'

수행자가 마땅히 어떻게 살아야 하는가를 보여 주는 《율경》에서 부처님은 이렇게 말씀하셨습니다.

"승려가 살아가는 이상적인 방법은 시주를 구하며 마을에서 마을로 돌아다니는 것이다. 한 마을에서 시주를 받으면 반드시 그곳을 떠나 다른 마을로 가야 한다."

그 경전에서 부처님은 수행하는 승려를 꿀벌에 비유하고 있습니다. 꿀벌은 꽃에서 꽃으로 날아다니며 꿀을 얻지만, 떠날 때는 꽃에게 아무런 해를 끼치지 않습니다. 마찬가지로 승려들도 마을에서 마을로 돌아다닐 때 그곳에 사는 사람들에게 결코 어떤 피해나 손해를 주어서는 안 됩니다.

복음서의 이 구절은 악령을 물리치고 병을 치료하는 현상을 말하고 있습니다. 다른 종교의 문헌에도 이런 비슷한 이야기가 많이 나옵니다. 저는 그 시대와 환경, 그리고 사람들의 보편적인 신앙을 고려해서 이런 표현을 쓰고 이런 방식으로 말한 것이라고 생각합니다. 하지만 여기서도 영적 수행과 관련된 한 가지 중요한 이상을 말하고 있음을 알 수 있습니다. 영적인 수행자는 자신이 도달한 깨달음의 차원에 만족해서는 안 된다는 것입니다. 다른 사람들에게 봉사하고, 타인의 행복을 위해 적극적으로 헌신하는 것이 정말 중요합니다.

저는 종종 수행자들에게 다음과 같은 원칙을 잊어서는 안 된다고 말합니다. 자신의 개인적인 필요를 위해서는 가능한 한 적게 움직이고, 이웃에 대한 봉사를 위해서는 가능한 한 많이 움직이라는 것입니다. 자기 자신을 위해서 무엇을 하겠다는 생각을 가능한 한 버릴 것이며, 남을 위해서 무엇을 해야 한다는 생각을 늘 간직하라는 것입니다. 저의 생각에는 이것이 모든 종교인의 이상이 되어야 합니다.

이 구절에 병자를 치료한다는 말이 나오지만, 그것을 글자 그대로 받아들일 필요는 없습니다. 병이라는 것은 육체의 불건강만 의미하는 것이 아니기 때문입니다. 병은 심리적인 병, 마음에 따른 병을 뜻하는 것일 수도 있습니다.

제가 볼 때 병자를 치료하는 일과 복음을 전파하는 일을 연관 지은 데는 다음과 같은 의미가 있습니다. 자신의 영적 체험을 나누고 가르침과 복음을 전함으로써 사람들에게 병을 극복하는 힘을 줄 수 있다는 것입니다.

불교 경전에도 아주 비슷한 훈계가 있습니다. 어떤 경전에서 부처님은 가르침을 끝맺으며 이렇게 말하고 있습니다.

"내가 오늘 그대들에게 준 가르침을 종이에 적어 다른 사람들에게 읽어 주고 설명하는 자는 크나큰 공덕을 쌓으리라."

복음서와 매우 비슷한 생각입니다.

이것과 관련해서 매우 중요한 문제가 또 하나 있습니다. 이 구절을 읽는 오늘날의 독자들이 개종과 전도를 분명하게 구별하는 것이 중요합니다. 우리가 앞에서도 말했듯이, 인간의 성격과 영적 성향은 한 가지로 통일되어 있는 것이 아니라 다양하기 이를 데 없습니다. 따라서 어떤 종교에 분명히 반대되는 성향을 가진 사람에게 그것을 믿으라고 강요한다면, 그것은 그 사람에게 득이 되기보다는 몹시 해가 되는 행동입니다.

이런 섬세한 배려가 얼마나 중요한가는 대승불교의 '보살의 이상' 속에 분명하게 표현되어 있습니다. 보살의 18계에는 정신적인 능력이 따라오지 못하는 사람에게 심오한 공의 원리를 가르쳐서는 안 된다고 적혀 있습니다. 만약 깊은 생각 없이 그 사람에게 심오한 공의 원리를 가르친다면, 정반대의 결과가 따를 위험이 크기 때문입니다. 그 가르침이 그 사람을 도와 영적 수행에 보탬이 되기는커녕, 그를 혼란스럽게 만들고 더 나쁘게는 허무주의에 빠뜨릴 위험이 있습니다. 그리고 그렇게 되면 다르마(진리)를 가르침으로써 공덕을 쌓는 것이 아니라, 다른 사람이 무엇을 필요로 하고 무엇에 적합한지 잘 살피지 못했기 때문에 부정적인 결과만 얻게 됩니다.

부처님의 가르침을 봐도 부처님이 듣는 사람의 이해 능력을 철저히 배려하고 있음이 매우 분명히 나타나 있습니다. 이를테면 '부처님이 대답하지 않은 14가지 질문'이라는 질문 목록이 있습니다. 물론 왜 부처님이 이 질문들에 대답하지 않으셨는가에 대해선 여러 가지 해석이 있습니다.

부처님이 대답하지 않은 질문 하나를 예로 들면 이런 것이 있습니다. 누군가가 부처님을 찾아와 "개인이라는 것 혹은 자아라는 것이 있습니까?" 하고 물었습니다. 부처님은 이 질문에 긍정도 부정도 하지 않았습니다. 이 질문을 던진 사람은 영원히 멸하지 않는 영혼의 원리를 믿고, 한 개인으로서의 자신의 존재를 믿어 의심치 않는 사람이었습니다. 따라서 부처님은 만약 자아를 부정하는 대답을 하면 질문한 사람이 혼란에 빠질지도 모른다고 느꼈습니다. 잘못하면 그가 심한 허무주의에 젖어 사람이나 사물의 존재를 근본적으로 부정하게 될지도 모르는 일이었습니다. 반면에 자아를 인정하는 대답을 하는 것도 그 사람에게 해롭다는 것을 부처님은 알고 있었습니다. 자아를 인정하는 대답을 하면 그 사람이 '나'라는 개인적이고 차별적인 생각에 더욱 집착하게 될 것이기 때문입니다.

이런 까닭에 부처님은 어떤 결정적인 대답도 하지 않은 것입니다. 이 이야기에서도 알 수 있는 것처럼 부처님은 상대방에게 필요한 말을 골라 가르침을 펴는 세심한 마음을 갖고 있었습니다.

언젠가 저는 인도의 한 불교 승려에게 '자아는 존재하지 않으며 개인의 영혼이라는 것도 존재하지 않는다. 그것은 모두 환상에 불과하다'는 '무아의 원리'에 대해 일깨운 적이 있습니다. 그는 진지한 수행자였고, 사실은 저에게서 출가승의 계를 받아 승려가 된 사람이었습니다. 그는 처음에 '무아', 다시 말해 '나'라는 것이 존재하지 않는다는 말을 들었을 때 매우 불안한 기색을 띠더니, 문자 그대로 부들부들 떨었습니다. 그의 머리는 '나 자신이 존재하지 않는다'는 그 고차원적인 개념을 전혀 받아들일 수 없었던 것입니다. 저는 한참을 설명해서 그가 받은 충격을 가라앉혀야만 했습니다. 그가 진정으로 무아의 원리를 이해하는 데는 오랜 세월이 걸렸습니다.

여기서 보듯이 가르침의 내용이 그 가르침을 듣는 사람의 마음 상태와 영적인 성향에 어울리는가 아닌가를 판단하는 것은 매우 중요합니다. 불교에는 다른 사람을 적극적으로 개종시키려는 전통이 없습니다. 물론 주변 국가에 적극적으로 전도 사절단을 몇 차례 파견한 듯 보이는 아쇼카 왕의 경우가 있기는 합니다. 하지만 그것은 극히 예외에 해당하는 경우일 뿐입니다.

일반적으로 교리를 전파하는 문제에 대한 불교의 생각은 이렇습니다. 누군가가 스승을 찾아와 무엇을 가르쳐 달라고 요청하지 않는 한, 스승이 나서서 자신의 생각과 교리를 다른 사람에게 말하는 것은 옳지 않다는 것입니다.

저는 복음서의 이 구절과 관련해 중요한 것을 한 가지 더 말하고자 합니다. 그리스도교뿐 아니라 불교에도 악마라든가 악령이라는 단어가 여러 경전에 자주 나타나는데, 악마에 대해 생각할 때 중요한 점이 하나 있습니다. 악마를 저기 저 바깥에 존재하는, 독립적이고 자율적인 힘을 가진 매우 부정적인 존재로 여겨서는 안 된다는 것입니다. 다시 말해 바깥 세계에 실제로 존재하는 어떤 것으로 생각해서는 안 된다는 것입니다.

악마라는 단어는 우리 자신의 마음속에 있는 부정적인 성향이나 충동과 더 관계가 깊은 것으로 이해해야만 합니다. 저는 오늘 아침 일찍 로렌스 신부님과 이 점에 대해 이야기를 나누었습니다. 신부님께서도 저의 이런 해석에 동의하는 것처럼 보였습니다. 그렇지 않으면 사탄이라는 개념 자체가 큰 혼란에 빠질지도 모릅니다. 저는 개인적으로 사탄의 성격에 대해 그리스도교의 전통적인 해석을 무척 듣고 싶습니다. 저로서는 아무리 해도 상상이 가지 않거든요! (웃음)

✤
복음서 강의에 대한 토론

(로렌스 신부) 성인께 오늘 아침 우리와 함께 토론할 두 분을 소개해 드리겠습니다. 먼저 모린 앨런 여사를 소개합니다. 앨런 여사는 30년 넘게 명상 수행을 하셨으며, 우리가 이번 세미나를 준비할 때 런던에 있는 티베트 사무실과 연락을 맡아 주셔서 큰 도움이 되었습니다. 그리고 싱가포르에서 오신 피터 오 선생님을 소개합니다. 오 선생님은 싱가포르 정부 투자 회사의 책임자이며, 종교적인 면을 보자면 부인 패트리샤와 함께 싱가포르에 있는 그리스도교 명상 센터의 운영을 맡고 있습니다. 오 선생님께서 오늘 토론의 문을 열어 주시겠습니다.

(피터 오) 저는 달라이 라마 성인께 매우 기본적인 것을 질문하고 싶습니다. 불교 시각에서 본 영적인 삶의 목표는 무엇인가, 그리고 그 목표를 향해 나아가는 길은 무엇인가에 대해 말씀해 주시

기 바랍니다. 아울러 하나의 대상에 마음을 집중하는 명상이 어떻게 인간의 영적 발전에 도움이 되는지 알고 싶습니다.

그리스도교 시각에서 보면 로렌스 신부님이 말씀하셨듯이 영적인 생활의 목표와 운명은 하느님의 존재와 하나가 되는 것입니다. 그리고 그 길은 예수님입니다. 우리가 예수님을 따를 때 가장 숭고한 가치는 사랑의 길입니다. 사실 우리와 같은 그리스도교 명상 수행자들은 명상을 사랑의 길로 이해합니다. 이것이 존 메인 신부가 명상에 대해 우리에게 가르치신 것입니다. 명상을 통해 우리는 예수님과 개인적인 관계를 맺고, 우리의 사랑을 넓혀 마침내 완전한 사랑으로 향해 갑니다. 그 완전한 사랑이 곧 하느님인 것입니다.

불교의 시각에서 볼 때, 영적인 삶의 목표를 무엇이라고 말할 수 있겠습니까? 그리스도교의 사랑의 길에 해당하는 가르침이 불교에도 있는지요? 그리고 명상이 영적인 삶에 도움이 된다고 생각하십니까?

(달라이 라마) 여기서 불교에서 말하는 '선한 마음의 네 가지 원인'과 인간이 간절히 이루고자 하는 두 가지 목표에 대해 말씀드리는 것이 좋을 것 같군요. 한 가지 목표는 물질적인 것입니다. 다시 말해 세속적인 차원에서 성공을 거두고 이 세상의 행복을 누리는 것입니다. 또 하나의 목표는 영적인 완성, 해탈, 니르바나(대자유)에 이르는 일입니다. 세속적인 행복을 얻는 길은 많은 재산을 모으고 안락한 환경을 만드는 일입니다. 반면에 영적인 해

탈과 완성을 이루는 방법은 다르마(진리)를 실천하는 일입니다.

오 선생님 경우는 이 두 가지 목표를 다 이루신 것 같군요. 진실한 명상 수행자이면서 대은행가 아니십니까! (웃음) 불교에서 말하는 다르마를 티베트에서는 '최'라고 부릅니다. 이 말은 '탈바꿈' 혹은 '탈바꿈하는 힘'을 뜻합니다. 자비는 여러 면에서 다르마의 근본 원리입니다. 그러나 자비는 지혜와 하나가 되어 있어야 합니다. 자비만 있고 지혜가 없어서는 안 됩니다. 지혜와 자비가 하나가 되는 것, 그것이 바로 불교가 추구하는 길이고 진정한 다르마의 길입니다.

자비와 지혜, 혹은 자비와 지성을 말할 때 우리는 그것에도 여러 가지 차원과 종류가 있음을 알아야만 합니다. 지식에는 일상생활의 체험과 관련된 보통의 지식이 있는가 하면, 보다 심오한 진리와 관계된 궁극적인 지식이 있습니다. 물론 불교에서 말하는 '궁극적인 진리'는 존재의 본질을 의미합니다. 그렇다면 존재의 본질은 무엇인가? 그것은 한마디로 '무아'로 표현할 수 있습니다. 따라서 불교가 말하는 존재의 궁극적인 본질은 한마디로 '공'입니다.

한 대상에 의식을 집중하는 명상법과, 그 능력을 키우기 위한 여러 방법들 중에서 불교에만 있는 특별한 것이란 없습니다. 그것들은 사실 인도의 모든 주요 종교들이 공통적으로 갖고 있는 것입니다. 불교뿐 아니라 다른 종교에서도 그것들을 얼마든지 찾아볼 수 있습니다.

한 가지 대상에 마음을 집중하는 능력을 갖게 되면, 영적인 수행자는 에너지를 분산시키지 않고 선택된 대상에 마음을 향할 수 있습니다. 여기서 우리가 분명히 알아야 할 것은 '마음을 한곳에 집중한다'는 것은 아주 일반적인 말이고 그 말의 배후에 있는 산스크리트어 '사마타', 곧 '멈춤'은 평안히 머문다는 뜻으로 의식의 높은 차원을 가리킨다는 점입니다.

우리 모두는 일상생활 속에서 이따금 한곳에 마음을 집중하는 순간을 짧게나마 경험합니다. 그리고 그 경험을 바탕으로 적절한 명상 기법을 이용해 그 능력을 키워 나갈 수 있습니다. 그 능력이 완전한 단계에 이를 만큼 커진 상태가 바로 사마타, 곧 '멈춤'입니다.

명상을 통해 의식을 한곳에 집중하는 능력을 키움으로써 여러분은 마음의 깊은 안정을 얻을 수 있습니다. 명상은 마음의 혼란에서 벗어나게 해줍니다. 명상을 하면 잡념 때문에 주의가 산만한 평소 상태에서 해방될 수 있습니다. 뿐만 아니라 깊은 의미에서 마음이 늘 활짝 깨어 있게 됩니다.

따라서 명상은 몸의 기운을 원활히 흐르게 하고 마음의 안정과 정신의 투명성을 키워 줍니다. 일단 이 두 가지를 이루면, 여러분은 가장 효과적으로 자비나 지혜 같은 명상의 대상에 마음을 집중할 수 있습니다.

한 가지 대상에 마음을 집중하는 능력은 인간이 본래부터 갖고 태어나는 것입니다. 그것을 완전히 발휘할 수 없게 막는 두 가지 큰 원인이 우리 마음속에 있습니다. 하나는 마음을 들뜨게 하는 산만하고 흐트러진 상태입니다. 마음이 흥분 상태에 있으면 안정을 얻을 수 없습니다. 깊은 안정을 유지하는 데 이것이 가장 큰 장애물입니다.

또 하나의 장애물은 마음이 해이해져서 긴장감이 없는 것입니다. 산만한 정신을 바로잡아 어느 정도 안정을 찾았다고 해도, 마음이 여전히 느슨한 상태일 수가 있습니다. 산만한 마음 상태에서 일시적으로 벗어나 조용히 물러나 있게는 되었지만, 이번에는 마음에 활력과 생기가 없습니다. 한마디로 '멍하고 둔한' 마음입니다. 불교에서는 이것을 '마음이 무기력한 상태', 정신이 느슨해진 상태라고 말합니다.

이 두 가지 장애를 모두 극복해야만 합니다. 정신의 무기력을 극복할 때, 마음의 안정과 더불어 내면 깊은 곳에서 분명한 지성과 활기를 되찾을 수 있습니다. 안정된 마음, 그리고 활짝 깨어 있는 마음이라고 하는 이 두 가지 힘을 하나로 결합시킬 수 있을 때, 여러분은 다음과 같은 것을 얻게 됩니다. 모든 정신적 에너지를 집중시켜 사물의 본질을 꿰뚫어보는 주의력뿐 아니라, 대상에 마음을 집중하는 데 필요한 마음의 안정감도 얻을 수 있습니다.

(모린 앨런) 여기 앉아 있는 제가 산만한 마음을 가진 사람의 대표적인 본보기일지도 모르겠습니다! (웃음)

(달라이 라마) 그래요. 모두가 자신에 대해 그렇게 느낍니다. (웃음) 이 공개 토론에 참석하고 있을 때는 모두의 마음이 산만해지는 것 같습니다. 명상 시간에는 마음이 무기력해지구요! (웃음)

(모린 앨런) 오늘 토론을 하면서 우리 모두 깊은 감명을 받은 것이 있습니다. 성인께서 지금 우리 앞에서 '살아 있는 행복'을 직접 보여 주고 계신다는 것입니다. 어릴 때부터 자신이 형편없는 죄인이라고 생각하면서 성장한 우리 그리스도교인들에게 이런 성인의 모습은 큰 축복이 아닐 수 없습니다! 성인께서는 영적인 양식과 마음의 양식에 대해 말씀하셨습니다만, 우리에게는 이 세미나가 바로 큰 성찬입니다. 그것에 대해 다시 한 번 깊이 감사드립니다.

저는 이 우주에 대한 성인의 생각을 듣고 싶습니다. 지난날에는 과학과 종교가 멀리 떨어져 있었지만, 오늘날은 서로 손잡을 가능성이 커졌습니다. 서양 교회들은 신을 정의하거나 재정의하는 데 몹시 어려움을 겪고 있습니다. 지금 이 자리에 있는 분들 중에 아직도 흰 수염을 길게 늘어뜨리고 하늘의 옥좌에 앉아 계신 노인을 상상하고 있는 사람은 아마 없을 것입니다. 물론 세상에는 아직도 하느님을 그런 분으로 생각하는 사람들이 많은 것 같지만 말입니다.

어제 성인께서는 하느님을 새로운 의미로 아주 훌륭하게 설명해 주셨습니다. 우리는 다시금 그것에 감사하고 있습니다. 그런데 불교의 연기론을 설명하면서 상호의존관계에 대해 말씀하셨는데, 그것에 대해 좀 더 말씀해 주실 수 있을는지요? 왜냐하면 현재 전 인류가 물질적으로 서로 의존하고 있는 것이 너무나 분명하기 때문입니다.

인류는 달에서 이 세계를 보았습니다. 그리고 과학은 이제

자연계 속에서의 상호의존관계에 대해 더 많은 이야기를 하고 있습니다. 하지만 우리는 아직도 정신적으로 감정적으로 우리의 의식이 상호의존하고 있는 것에 대해서는 잘 알지 못하고 있습니다. 이것에 대한 성인의 생각을 듣고 싶습니다.

(달라이 라마) 우리가 먼저 이해해야 할 중요한 것이 있다고 저는 생각합니다. 그것은 우리가 '의식'이라고 부르는 것이 무엇인가 하는 것입니다. 의식을 티베트어에서는 '셰파'라고 합니다. 셰파는 '전혀 물질적이지 않은 것'을 뜻합니다. 의식에는 물질적인 형태, 모양, 색깔 같은 것이 아무것도 없습니다. 따라서 의식은 과학적인 용어를 써서 수량으로 표현할 수 없습니다. 그렇기 때문에 의식은 현대 과학의 조사 대상이 되기를 거부하고 있습니다. 물질적인 성질을 갖지 않은 대신, 의식은 본질적으로 순수 경험 혹은 순수 자각이라는 성격을 갖고 있습니다.

'나는 안다' 혹은 '나는 자각한다'라고 말할 때 거기에는 '나'라는 행위 주체가 있다고 볼 수 있습니다. 그 주체가 알거나 자각하는 행위를 하는 것입니다. 다시 말하면 의식은 '안다'고 하는 행위 혹은 과정 그 자체이며, 그렇기 때문에 그것은 순수 자각이고 순수한 인식인 것입니다.

하지만 흔히 우리가 말하는 의식은 '알고 자각하는' 대상과 떨어질 수 없는 관계입니다. 그 이유는 우리가 일반적으로 의식의 활동을 바깥에 있는 어떤 대상과 연결시켜서만 생각하는 버릇이 있기 때문입니다. 혹은 좋다거나 싫다거나 하는 감정과 관련시켜서만 생각하기 때문입니다. 그 결과 우리는 의식을 순수 자각이나 순수한 인식으로 생각할 수 없는 것입니다. 한마디로 말해, 우리의 일반적인 경험 속에서 의식은 언제나 대상과 주체라는 이원론적인 모습을 하고 있습니다.

따라서 우리는 거의 언제나 단지 대상으로부터 영향을 받는 의식만을 경험한다고 말할 수 있습니다. 우리의 인식은 대상과 거의 분리되지 않습니다. 푸른색 대상을 인식할 때 우리는 인식 그 자체가 푸른색인 것처럼 생각합니다.

하지만 의식의 가장 근본이 되는 자리가 있습니다. 그 근본 자리를 경험하는 것이 가능합니다. 의식의 근본 자리란 제가 이미 말씀드린 것처럼 순수한 빛, 순수한 경험, 순수한 앎, 순수 인식 등입니다. 우리는 마음속으로부터 다양한 모습, 개념, 기억, 정말 중요하게는 감각적 경험에서 생겨난 선입견을 비워 버리려고 의식적으로 노력함으로써 그런 순수의식 상태를 경험할 수 있습니다.

그러므로 민감하게 깨어 있는 마음을 유지하면서 마음속 흔들림을 정지시킬 수만 있다면, 여러분은 의식을 더 깊은 차원에서 인식할 수 있게 될 것입니다. 여기서 마음속 흔들림이란 감각적인 경험에 따라 생각의 과정이나 내용이 걷잡을 수 없이 바뀌는 것을 말합니다.

그렇다고 마음이 완전히 죽어 있어도 도움이 되지 않습니다. 여러분은 깨어 있는 마음 상태를 유지하면서, 동시에 차츰 생각의 흔들림을 정지시키고 마음에 감각적인 경험이 끼어들지 못하도록 해야 합니다. 그러면 마음의 근본이 한순간 체험되는 걸 알 수 있습니다.

처음으로 마음의 근본 자리를 체험할 때는 너무 찰나적으로 느껴집니다. 그러나 수행을 계속함으로써 그 시간을 늘릴 수 있습니다. 서서히 명상이 깊어지면서 여러분은 그 경험이 더 오래 이어지게 만들 수 있습니다. 그렇게 되면 마음의 근본 자리가 가진 투명성과 통찰력이 더욱 더 분명해질 것입니다. 이런 방법을 통해 인식된 의식의 근본 자리는 바깥의 물질적인 대상과 연결된 의식과는 다릅니다.

의식과 물질의 상호의존관계에 대해 불교에서는 이렇게 설명합니다. 사람의 행위와 행동을 실제로 결정하는 것은 마음과 그 마음에서 생겨난 동기라고 말입니다. 중요한 행위든 사소한 행위든 모든 행위는 마음속에 영향을 주고 흔적을 남겨 놓습니다. 그리고 그 행위는 즉각적으로 경험에 영향을 주며, 그 사람이 살고 있는 세계에도 직접적인 영향을 줍니다. 그 사람에 관한 한 세계는 달라진 것입니다.

이런 생각을 근거로 불교인들은 마음과 물질, 마음과 몸의 상호의존적 관계를 설명합니다. 잘 알고 계시는 것처럼 불교에서는 카르마라는 단어를 사용합니다. 카르마의 교리는 마음속에 남은 흔적이나 잠재성에 대해, 또 그 잠재성이 어떤 식으로 작용하고 실현되는가에 대해 많은 것을 말해 줍니다. 하지만 카르마의 존재에도 불구하고 가장 중요한 것은 현재의 마음 상태가 원인이 되어 일어나는 행동과 행위입니다.

155

불교에서는, 특히 대승불교의 중관파에서는 '연기'라고 부르는 상호의존 원리를 세 가지 방식으로 이해합니다. 첫 번째는 원인과 결과의 관점에서 보는 것입니다. 이 경우에 상호의존관계는 직선적입니다. 다시 말해 어떤 원인과 조건이 있으면 그것에 따른 결과가 반드시 나타나는 것입니다. 원인과 조건의 이런 상호의존 시각은 모든 불교 학파에서 공통적으로 발견할 수 있습니다.

두 번째 차원에서는 상호의존을 좀 더 쌍방 간의 의존으로 이해합니다. 어떤 현상은 다른 현상에 의존해서 존재한다는 것입니다. 다시 말해 현상과 현상 사이에는 깊은 상호 연결성이 있습니다. 이것은 '부분'과 '전체'에 대한 생각에서 아주 잘 나타납니다. 부분 없이 전체가 있을 수 없으며, 전체 없이 부분이 있을 수 없습니다. 서로 의존하고 있는 것입니다.

상호의존에 대한 세 번째 이해는 존재 가치의 관점에서 보는 것입니다. 어떤 사물과 사건의 존재 가치는 그것이 놓여 있는 앞뒤 맥락이나 환경에 달려 있습니다. 어느 의미에서 사물의 존재 가치는 본래부터 정해진 것이 아니라 환경에 따라 변화하는 것이라고 할 수 있습니다. 절대적이 아니라 상대적입니다. 어떤 사물과 사건은 다른 사물과 사건에 관련지어서만 그 정의를 내릴 수 있습니다. 이것이 상호의존의 원리를 이해하는 세 가지 차원, 혹은 세 가지 방법입니다.

(로렌스 신부) 성인께서 의식에 대해 훌륭하게 설명하신 내용을 저는 그대로 따르고 싶습니다. 나아가 특히 '예수님의 마음'과 관

련해서 그리스도교인의 시각에서 그것을 이해해 보고 싶습니다. 그리스도교인들은 예수님의 마음이 우리와 함께 있고, 우리 안에 있다고 믿습니다. 명상을 통해 그리스도교인들이 체험하는 가장 중요한 것은 우리의 의식이 예수님의 의식을 향해 열리는 것입니다. '지금 이 순간'에 깨어나는 예수님의 마음, '지금 이 순간'에 인간의 의식 속에서 깨어나는 그리스도의 의식, 그것은 성인께서 설명하신 것처럼 절대적으로 순수하고 흔들림 없는 상태라고 우리는 믿습니다.

예수님을 만나 그분을 아는 것이 어떻게 우리를 해방시키고 우리의 운명을 실현하게 할까요? 이에 대해 그리스도교인들이 생각하고 있는 것을 제가 매우 간단히 설명하겠습니다. 그러면 성인께서도 그것에 대해 의견을 말씀하실 수 있을 것입니다.

예수님을 아는 최초의 단계는 어린 시절로부터 시작됩니다. 우리는 어린 시절에 당신께서 우리와 함께 읽은 이 복음서들의 이야기를 듣고 읽으면서 예수님을 알기 시작합니다. 그 후 예수님을 신학적, 철학적, 역사적으로 이해하며 지식을 얻습니다. 그 다음에는 명상을 통해 그것을 '내면으로부터' 이해하기 시작합니다. 다시 말해 예수님은 과거 역사 속의 스승일 뿐 아니라 지금도 인간 개개인의 내면에 존재하며, 아울러 전 우주에 존재한다는 것입니다. 예수님은 모든 시간과 공간을 초월해 있으며, 따라서 모든 시간, 모든 공간에 계십니다.

하지만 어떻게 예수님이 우리의 스승, 우리의 길이 될 수 있는지 완전히 이해하려면 성경으로 돌아갈 필요가 있습니다. 성경에서 예수님은 자신을 길이라고 말하고, 문이라고 표현합니다. 우리는 그 문을 통해 걸어 들어갑니다. 예수님은 우리가 통과하는 하나의 문입니다. 예수님은 자신이 아니라 항상 아버지 하느님을 가리켜 보이고 있습니다. 그렇기 때문에 미사를 볼 때 우리는 '예수님 안에서, 예수님과 함께, 예수님을 통해서' 하느님께로 간다고 말합니다.

　　이런 의미에서 예수님은 우리들 내부에 있는 그리스도 의식을 통해 우리를 하느님께로 인도하는 교사이자 스승이며 길입니다. 이것이 바로 하느님의 사랑이 우리에게 임하는 방식입니다. 하느님의 사랑과 완전한 하나가 된 예수님의 의식을 통해 우리는 우리에 대한 하느님의 사랑을 경험합니다. 의식을 이렇게 설명하는 것에 대해 성인의 생각을 말씀해 주시겠습니까?

(달라이 라마)　어제 저는 종교들 사이의 미묘한 차이를 이해하는 일이 중요하다는 점을 말씀드렸습니다. 아직 그 말을 잊고 있지는 않지만, 저는 불교 수행에서도 방금 신부님께서 말씀하신 내용과 매우 비슷한 것을 발견할 수 있습니다. 물론 비슷하다고 해서 극단적으로 밀고 나가서는 안 되겠지요. 티베트에는 '양의 몸에 야크의 머리를 올려놓지 말라'는 속담이 있습니다. 2세기경 인도의 유명한 스승인 나가르주나도 어느 책에선가 두 사물을 같은 것으로 보려고 마음먹는다면 어떤 것에서도 비슷한 점을 발견하고야 말 것이라고 지적한 적이 있습니다! (웃음) 극단으로 밀고 나간다면 삼라만상의 모든 존재가 결국 단 한 개의 존재로 축소

되어 버릴 것입니다.

　이런 사실을 잊지 않고 있지만, 불교 수행에는 신부님이 말씀하신 것과 비슷한 것이 분명히 있습니다. 불교에는 '여래장'이라고 부르는 불성 사상이 있습니다. 불성은 영적 완성의 씨앗을 의미합니다. 이 부처의 씨앗, 혹은 불성의 종자에 대해서는 불교 내부에도 많은 해석이 있지만, 어쨌든 우리들 모두의 내부에 존재하는 마음의 근본을 가리킵니다.

　이 여래장은 앞에서 말한 순수한 빛, 순수한 본성과 관계가 있습니다. 혹은 마음의 불완전함을 넘어서 우리로 하여금 해탈에 이르게 하는 잠재 능력과 관계가 있습니다. 모든 사람이 불성을 갖고 있다고 말할 수 있는 근거 중 하나는 '공감'을 느끼는 인간의 본능적인 능력입니다. 물론 그 능력은 사람마다 다를 수 있습니다. 하지만 모든 인간은 태어나면서부터 대상에 감정을 이입하는 능력을 갖고 있습니다. 이 불성, 깨달음의 씨앗, 완성을 향한 종자는 모든 사람이 태어나면서부터 갖고 있는 것입니다. 이것은 새로 개발할 필요가 있는 것이 아닙니다. 그것은 처음부터 그곳에 있습니다.

　하지만 완성에 이르려면 영적 수행자가 단순히 그런 본성을 지니고 있는 것만으로는 충분하지 않습니다. 그 잠재력이 최대한으로 실현되어야만 합니다. 그러기 위해서는 도움이 필요합니다. 불교 수행에서는 깨달음을 얻은 안내자, 구루(영적 스승을 뜻하는 힌두어)라고 부르는 스승의 도움이 필요합니다. 매우 흥미롭게도 불교 문헌에서는 종종 스승을 '부처님으로부터 축복을 받는 문'

이라고 표현하고 있습니다. 이 문을 통해 여러분은 부처님과 대화를 하고 그분과 접촉할 수 있습니다.

경험 풍부한 스승의 가르침과 여러분 내부에 존재하는 불성이 하나가 될 때, 그 불성이 활기를 띠기 시작합니다. 그때 여러분은 불성을 완성시켜 그것이 가진 잠재력을 꽃피울 수 있습니다. 저는 이것이 방금 로렌스 신부님이 말씀하신 개념과 아주 비슷하다고 생각합니다.

우리들 모두가 이 신성한 본성을 내부에 갖고 있습니다. 그리스도교 수행자는 그리스도를 통해, 예수님을 통해, 자기 안에 있는 신성을 깨우고 그것을 완성시킬 수 있을 것입니다. 예수님을 통해서 여러분의 신성이 활짝 꽃피어나고, 아버지 하느님과 하나가 되는 것입니다.

흥미로운 것은 불교에서도 자기 안의 불성을 완전히 꽃피우는 일, 다시 말해 깨달음에 이르는 일을 광대무변한 법신과 '하나의 맛'이 되는 것으로 표현할 때가 있습니다. '하나의 맛'이 된다는 것은 법신 상태와 떨어질 수 없게 된 것을 말합니다. 하지만 그렇다고 해서 개인의 존재가 사라진다는 말은 아닙니다.

(로렌스 신부) 감사합니다. 정말 우리를 깨우쳐 주는 말씀이었습니다. 야크의 머리가 야크의 몸 위에 정확하게 올려졌다고 저는 생각합니다! (웃음)

(피터 오) 복음서에 나오는 그리스도교 선교에 대해 질문을 드리

고 싶습니다. 성인께서는 영적인 수행자들은 다른 사람들의 영적 성장을 돕기 위해 영적인 가르침을 나눠야 한다고 격려하셨습니다. 하지만 동시에 성인께서는 영적인 가르침을 나누려는 사람은 어느 정도 자기 체험이 있어야 하고, 자신이 가르치는 내용을 깊이 이해하고 있어야 한다고도 말씀하셨습니다.

여기에 모인 우리들은 그리스도교 명상 그룹의 지도자들로서 이 문제에 많은 관심을 갖고 있습니다. 왜냐하면 우리는 실제로 다른 사람을 가르칠 기회가 많기 때문입니다. 우리가 명상 지도자가 될 자격이 있는지 어떻게 알 수 있을까요?

(달라이 라마) 인간은 완전하게는 아니더라도 어느 정도는 자신의 마음이 어느 수준에 와 있는지 스스로 판단할 수 있습니다. 스스로를 속이고 있는 경우가 아니라면 말입니다. 순수하고 진실한 수행자라면 사람들을 인도하고 가르칠 때 그 동기가 순수할 것입니다. 실제로 그가 어떤 동기를 갖고 있는가가 매우 중요합니다. 이런 식으로 자신이 어떤 마음 상태에 와 있으며, 과연 자기가 스승으로서 가르칠 자격이 있는가 없는가를 스스로 판단할 수 있습니다.

어떤 사람이 스승의 자격을 갖추었는가 아닌가를 제3자가 판단하기는 정말 어렵습니다. 한 사람이 다른 사람의 영적인 수준을 판단하는 것은 불가능하지는 않더라도 매우 어려운 일이 아닐 수 없습니다. 어떤 사람의 영적 수준이라든가 깨달음의 정도는 어떤 의미에서는 본인 이외의 사람에게는 완전히 가려져 있기 때문입니다.

그러나 아주 폭넓은 의미에서 누군가의 영적 수준을 판단하는 것은 가능합니다. 누군가와 오랫동안 만나다 보면, 여러분은 가끔 그 사람의 행동이나 버릇이나 말투, 다른 사람을 대하는 방식 등을 관찰함으로써 그 사람이 어느 정도의 영적인 수준에 올라 있는가를 가늠할 수 있습니다.

그리고 어떤 사람이 영적으로 행동하는 것을 단 한 번 보는 것으로는 충분하지 않습니다. 그것은 변함없는 행동이어야 합니다. 계속 지켜봐도 시종일관 같은 행동이어야 합니다. 거듭 거듭 같은 행동을 보였을 때 비로소 그 사람이 영적으로 성숙했다고 추측할 수 있습니다.

불교 경전에서 부처님은 이것을 바다에 비유해 멋진 말씀을 하셨습니다. 우리가 물고기를 찾으려고 바닷속을 들여다볼 때, 만약 바다가 잔잔해서 물고기들이 모두 물 밑바닥으로 내려가 있으면 한 마리도 볼 수 없을 것입니다. 하지만 파도가 일면 물고기가 가끔씩 눈에 띌 것입니다. 이와 마찬가지로 부처님은 수행자가 특별한 상황, 환경, 실제 사건에 직면해 그것에 대처하는 방식을 지켜봄으로써 그 수행자가 올라선 깨달음의 수준, 특히 자비심의 수준을 엿볼 수 있다고 했습니다. 하지만 그것도 확실한 판단은 될 수 없으며, 어디까지나 귀납적으로 추측해 볼 수 있는 정도가 되겠지요.

(로렌스 신부) 이제 청중 속에서 전해진 질문 한 가지를 말씀드림

으로써 오늘의 세미나를 마칠까 합니다. 토론 그룹 하나가 비폭력과 관련해 이런 질문을 했습니다. 자비심은 능동적인 것입니까, 아니면 수동적인 것입니까? 자비심도 때로는 폭력적인 행동을 필요로 합니까? 만약 어떤 사람이 건물을 폭파하는 것 같은 악행을 저지르려고 한다면, 자비심을 갖고 그것을 중단시키기 위해 폭력을 쓸 수도 있습니까?

(달라이 라마) 그 경우는 물론 자비심이 능동적이어야 합니다. 그리고 정말 필요하다고 생각되면 힘을 사용할 수도 있을 것입니다. 불교 경전 《자타카》(오랜 불교 문학의 한 장르로, 붓다가 이 세상에 태어나기 이전의 전생에 대한 이야기를 모은 것)에서 이것을 분명히 설명하고 있습니다. 여러 전생 중 하나에서 부처님이 상인이었을 때의 일입니다. 나룻배를 타고 강을 건너가면서 보살은 자신이 곤란한 상황에 처해 있다는 것을 알게 되었습니다. 뱃사공은 살인자였고, 승객 499명을 한밤중에 모두 죽일 작정이었습니다. 이 살인자를 없애는 것 말고는 달리 해결 방법이 없었습니다. 보살은 스스로 그 일을 떠맡았습니다. 그 적극적인 행동을 통해 보살은 499명의 생명을 구했을 뿐 아니라, 많은 사람을 죽이는 악행의 업보로부터 자비심을 갖고 그 뱃사공을 구할 수 있었습니다. 불교인의 시각에서 볼 때 그 보살은 살인이라고 하는 부정적인 행위를 스스로 떠맡고 그 행위에 따른 결과까지도 책임을 지는 위대한 희생을 한 것입니다.

말은 이렇게 했지만, 폭력에 대해 말할 때 우리는 결과를 예측하는 것이 거의 불가능한 현상에 대해 말한다는 것을 알고 있어야 합니다. 가해자의 입장에서 볼 때 동기가 순수하고 긍정적일지라도, 폭력을 수단으로 사용한다면 그 결과를 예측하는 것이 매우 어렵습니다. 이런 이유 때문에 폭력을 수단으로 써야만 하는 상황은 가급적 피하는 것이 언제나 좋습니다.

그럼에도 불구하고 방어를 위해 확실하게 힘을 사용해야만 하는 상황에 처해 있다고 생각한다면, 여러분은 적절한 대응을 해야 합니다. 여기서 우리가 이해해야 할 중요한 점이 있습니다. 너그러운 마음과 참는 마음이 불의에 대한 복종이나 굴복을 의미하지 않는다는 것입니다. 그 말이 가진 본래 의미를 보면, 너그러움은 분노와 증오 같은 강한 부정적인 감정이 일어나려는 상황에서 신중하게 생각해서 반응하는 것을 말합니다. 이것은 티베트에서 인내를 뜻하는 단어 '소파'에서도 볼 수 있는데 글자의 뜻으로 볼 때 이 말은 '저항할 수 있음'을 뜻합니다.

이것은 특히 우리가 앞에서 말한 세 가지 종류의 인내 중에서, 자신이 당한 손해에 무관심한 반응을 보이는 경우에 해당합니다. 우리는 이것을 다른 사람이 우리에게 어떤 피해를 주더라도 굴복하거나 복종해야 한다는 뜻으로 잘못 해석할 수 있습니다. 다시 말해 너그럽다고 해서 "어서 나를 해치세요."라고 말해야 하는 것으로 오해하는 사람이 있습니다.

하지만 우리가 말하는 너그러움은 그것이 아닙니다. 오히려 그 일로부터 나쁜 영향을 받지 않도록 스스로 막는 용감한 마음 상태입니다. 용감한 마음은 우리가 피해를 당할 때 정신적 고통을 겪지 않게 우리를 지켜 줍니다. 이것은 우리가 그냥 포기하는 것을 의미하지 않습니다.

사람들이 너그러움에 대해 잘못 생각하는 것은 이해할 만한 일입니다. 저는 《입보리행론》을 읽은 티베트 사람을 몇 명 만난 적이 있습니다. 이 책은 너그러운 마음을 실천하는 일에 대해 폭넓게 다루고 있는데, 그들은 저에게 이렇게 말했습니다. "우리가 너그러운 마음을 실천한다면, 티베트는 절대로 독립을 되찾지 못할 겁니다!" 하지만 너그러운 마음은 결코 복종이나 포기를 의미하지 않습니다. 그들은 그 점을 잘못 이해한 것입니다.

신앙

| 요한복음 12장 44절 - 50절 |

(로렌스신부) 다시 한 번 달라이 라마 성인을 이 자리에 모시겠습니다. 오늘 세미나에서 성인께서는 끝으로 요한복음에 있는 두 구절을 읽고 강의를 해 주시겠습니다. 첫 번째 구절은 신앙에 대한 것이고, 두 번째 구절은 부활에 대한 이야기를 담고 있습니다.

—

예수께서 소리쳐 말씀하시기를 "나를 믿는 것은 나를 믿는 것이 아니라 나를 보내신 이를 믿는 것이며, 나를 보는 자는 나를 보내신 이를 보는 것이니라. 나는 빛으로 세상에 왔나니, 이는 나

166

를 믿는 자가 어둠에 머물지 않게 하려 함이라. 사람이 내 말을 듣고 지키지 아니할지라도 나는 그를 심판하지 않으리라. 그것은 내가 세상을 심판하러 온 것이 아니라 세상을 구원하러 왔기 때문이다. 나를 저버리고 내 말을 받아들이지 않는 자를 심판할 이가 있으니, 곧 내가 한 그 말이 마지막 날에 그를 심판하리라. 내가 내 자의로 말한 것이 아니라, 나를 보내신 아버지께서 내가 말할 것과 어떻게 말할지를 친히 명령하여 주셨으니, 나는 그의 명령이 영원한 생명인 줄 아노라. 그러므로 내 아버지께서 내게 말씀하신 것을 나는 말하는 것이니라." (요한복음 12장 44절~50절)

요한복음에 있는 이 구절은 성경 안에서도 매우 중요한 부분인 것 같습니다. 이 글을 읽으면서 제 마음에 가장 먼저 떠오른 것은 불교 경전에도 이것과 매우 비슷한 구절이 있다는 것입니다. 부처님은 연기의 법칙(상호의존의 원리)을 아는 사람은 누구라도 다르마(진리)를 아는 것이며, 다르마를 아는 사람은 여래(부처의 다른 이름)를 아는 것이라고 말씀하셨습니다. 만물이 서로 의존하고 있다는 연기의 이치를 깨닫고 다르마를 이해하면 불성의 본질을 이해할 수 있다는 뜻입니다.

이 말에 담긴 또 한 가지 뜻이 있습니다. 그것은 단순히 부처님의 육신을 눈으로 보는 것은 정말로 부처님을 보는 것과는 다르다는 것입니다. 진정으로 부처님을 보고자 한다면 부처님의 진정한 몸인 법신을 깨달아야 합니다. 바로 이것이 진정으로 부처님을 보는 일입니다.

이와 마찬가지로, 복음서의 이 구절은 역사 속 인물로 나타나신 예수 그리스도라는 사람을 통해서 우리가 예수님이 대표하는 하느님 아버지를 경험할 수 있다고 말합니다. 예수 그리스도는 아버지와 만나기 위한 문인 것입니다.

우리는 여기서 다시 빛을 은유적으로 사용한 대목과 만나게 됩니다. 빛은 세상의 모든 주요 종교에서 공통으로 사용하는 중요한 상징입니다. 불교에서 빛은 특히 지혜와 지식을 나타내고, 어둠은 무지와 착각을 상징합니다. 이것은 진리의 두 가지 측면과 관계가 깊습니다. 진리에는 두 가지 측면이 있는데, 하나는 방법적인 측면이고 또 하나는 지혜의 측면입니다. 자비심과 너그러운 마음을 키우는 수행이 방법적인 측면이고, 사물의 본질을 꿰뚫어보는 통찰력을 갖는 것이 지혜의 측면입니다. 무지를 몰아내는 진정한 힘을 가진 것은 바로 이 지혜의 측면입니다.

또한 복음서의 이 구절은 인간의 영적 수행에서 신앙의 중요성을 말하고 있다고 저는 느낍니다. 불교에서는 신앙을 어떻게 이해하고 있는지 여기서 조금 설명하겠습니다.

티베트어로 신앙은 '데파'입니다 이 말은 신뢰 혹은 믿음에 더 가까운 말일지도 모르겠습니다. 신앙에는 세 가지 종류가 있다고 불교에서는 말합니다. 첫 번째는 특정한 사람에 대해, 혹은 어떤 사람이 도달한 특정한 상태에 대해 감탄하는 마음을 갖는 신앙입니다. 두 번째는 열망하는 신앙입니다. 이것은 스스로 나아지려는 마음과 관계가 있는 것으로, 그런 존재 상태에 자신도 도달하고자 열망하는 신앙입니다. 그리고 세 번째는 확신을 가진 신앙입니다.

저는 그리스도교 시각에서도 이 세 가지 형태의 신앙을 설명할 수 있다고 생각합니다. 복음서를 읽으며 예수님의 생애에 대해 깊이 생각하며 수행하는 그리스도교인은 예수님에게 헌신하고 감탄하는 마음을 가질 수 있습니다. 이것이 첫 번째 차원의 신앙, 곧 감탄과 헌신의 신앙입니다. 그다음에 여러분은 감탄하는 마음과 신앙심을 더욱 키워 두 번째 차원으로 나아갈 수 있습니다. 이것이 열망하는 신앙입니다.

불교를 믿는다면 여러분은 자신도 부처가 되기를 염원할 것입니다. 그리스도교를 믿는다면 같은 용어를 쓰지는 않겠지만, 대신에 여러분은 완전한 신성을 얻고 싶은 열망, 곧 하느님과 하나가 되고 싶은 열망에 사로잡힐 것입니다. 그리고 일단 열망하는 마음이 커지게 되면, 여러분은 자신도 그런 존재 상태에 이르는 것이 가능하다는 강한 확신을 갖게 될 것입니다. 이것이 세 번째 차원의 신앙입니다. 저는 불교와 마찬가지로 그리스도교에도 이 세 가지 형태의 신앙을 똑같이 적용할 수 있다고 생각합니다.

불교에서는 영적인 수행의 길을 걸을 때, 신앙과 이성이 모두 필요하다고 거듭 강조하고 있습니다. 2세기 인도의 대스승 나가르주나는 《보만론》이라는 유명한 저서에서 영적인 열망을 가진 사람은 신앙과 이성, 바꿔 말하면 신앙과 분석력을 모두 갖춰야 한다고 강조하고 있습니다. 신앙이 여러분의 존재를 더 높은 차원으로 끌어올리는 반면에, 이성과 분석은 여러분에게 완전한 해방을 가져다줍니다. 중요한 점은, 영적 수행을 하면서 갖는 신앙은 반드시 이성과 이해에 기초를 두지 않으면 안 된다는 것입니다.

영적인 열망을 갖고 처음 수행을 시작하는 사람이 이성과 이해를 통해 신앙을 키우려면 무엇보다 열린 마음을 가져야만 합니다. 이것을 더 적당한 말로 바꾼다면 '건전한 회의주의'라고 부를 수도 있습니다. 마음을 열고 있을 때 이성적으로 생각할 수 있고, 이성적인 분석을 통해 더 깊은 이해를 얻을 수 있습니다. 더 깊이, 그리고 더 분명히 이해하게 되면 대상에 대한 확신과 신념과 믿음이 생겨납니다. 그런 신앙과 확신과 믿음은 이성과 이해에 뿌리를 두고 있기 때문에 더욱 강해질 것입니다.

바로 이 때문에 우리는 불교 경전에서 부처님이 제자들에게 훈계하는 것을 볼 수 있습니다. 부처님은 제자들이 단순히 자신을 숭배하기 때문에 당신의 말을 받아들여서는 안 된다고 말합니다. 금 세공사가 엄격한 과정을 거쳐 금의 순도를 시험하듯이 부처님은 제자들이 자신의 말 한 마디 한 마디를 모두 시험대에 올려놓아야 한다고 강조합니다. 오직 그 가르침을 이해하고 납득했을 때만 그것을 올바른 가르침으로 받아들여야 한다고 그분은 말씀하셨습니다.

복음서의 이 구절에는 어둠을 몰아내는 빛에 대한 말이 나옵니다. 그리고 구원에 대한 얘기가 바로 뒤따라 나옵니다. 이 두 가지 생각을 하나로 연결한다면, 진정한 구원과 해탈의 상태가 무지의 어둠을 몰아낸다고 말할 수 있습니다. 이렇게 본다면 그리스도교 시각에서도 마찬가지 방식으로 구원의 의미를 이해할 수 있을 것입니다.

　구원의 본질이 무엇인가를 정확히 말하는 것은 매우 어려운 문제입니다. 고대 인도에는 다양한 종교 학파들이 있었는데, 많은 종교가 어떤 형태로든지 구원의 개념을 받아들이고 있었습니다. 티베트어에서는 구원을 '타르파'라고 하는데 이것은 '해방' 또는 '자유'를 의미합니다.

　물론 구원이라는 개념에 동의하지 않는 종교도 있습니다. 어떤 학파는 마음에 생겨나는 미혹은 마음이 원래 가지고 있는 본질적인 모습이며, 따라서 마음에 반드시 존재하는 성질이라고 주장합니다. 이들의 생각대로라면 해탈을 얻을 가능성은 없습니다. 왜냐하면 마음은 원래부터 미혹과 착각의 성질을 갖고 있으므로 그것을 마음에서 절대로 떼어 낼 수 없기 때문입니다.

　구원이나 해탈에 대한 생각을 어느 정도 받아들이는 학파들조차도 구원이 실제로 어떤 상태인지, 혹은 구원의 성격과 특징을 어떻게 정의 내릴 것인지에 대해선 저마다 의견이 다릅니다. 예를 들어 고대 인도의 어느 학파는 구원의 상태를 바람직한 특징을 갖춘 외부 공간이나 환경 같은 것으로 설명하고 있는데, 그 모습은 마치 뒤집힌 우산처럼 생겼다고 주장하기도 합니다.

　그러나 구원의 개념을 받아들이는 대부분의 불교 학파에서는 구원을 외부적인 환경보다는 개인의 영적 상태, 정신적 상태로 이해합니다. 마음이 완성을 이룬 상태를 구원으로 보는 것입니다. 불교에는 부처님의 정토(순수하고 깨끗한 나라)라는 개념이 있습니다. 사람이 긍정적인 카르마를 꽃피움으로써 도달하게 되는 순수한 상태가 그것입니다. 보통 사람들도 거듭나서 이 부처님의 정토에 참여할 수 있습니다.

불교의 눈으로 볼 때 우리의 물질적인 환경, 다시 말해 이 지구라는 행성은 우리 존재에게는 결코 완벽한 영토라고 할 수 없습니다. 하지만 이 영토에서 해탈과 완전한 깨달음을 얻은 사람들이 있습니다. 불교에서는 구원과 해방을 내면적인 상태, 정신적인 깨달음을 얻은 상태로 이해해야만 합니다.

그리스도교에서는 천국이 무엇을 의미하는지요?

(로렌스 신부) 천국은 존재 전체로 기쁨과 평화와 하느님의 사랑을 나누는 경험입니다.

(달라이 라마) 그러면 물리적인 공간이 반드시 있어야 하는 건 아니라는 말씀이신가요?

(로렌스 신부) 그렇습니다. 단지 상상할 수는 있겠지요.

(달라이 라마) 그렇다면 지옥이라는 것도 매우 부정적이고 미혹에 사로잡힌 마음 상태로 이해해도 되겠습니까?

(로렌스 신부) 물론 그렇습니다.

(달라이 라마) 그 말은 천국과 지옥을 외부적인 환경으로 생각할

필요가 없다는 뜻입니까?

(로렌스 신부) 그렇습니다. 지옥은 어느 특정한 공간에 있는 것이 아니라, 하느님으로부터 떨어져 나가는 경험일 것입니다. 하지만 이것은 본질적으로 불가능한 일입니다. 환상에 불과합니다. 왜냐하면 어느 것도 하느님으로부터 떨어질 수 없기 때문입니다. 하지만 우리가 하느님으로부터 떨어져 있다고 생각하면, 우리는 바로 지옥에 있는 것입니다.

(달라이 라마) 복음서의 이 구절에서 예수님은 이렇게 말씀하십니다. '나는 심판하러 온 것이 아니다……. 내가 한 말이 그를 심판하리라.' 저는 이것이 불교에서 말하는 카르마와 매우 비슷하다고 생각합니다. 여러분이 무엇을 경험해야 하고 무엇을 알아야 하는지 결정을 내려 주는 자율적인 존재가 '저기 어디'에 있는 것은 아닙니다. 그런 것이 아니라 인과법칙 그 자체에 진리가 담겨 있습니다.

여러분이 율법에 따라 도덕적으로 행동한다면 바람직한 결과가 나타나겠지만, 부정적이거나 남에게 해를 입히는 행동을 한다면 그런 행동이 가져오는 결과 역시 받아들여야만 합니다. 인과의 법칙이라는 진리가 재판관이지, 심판하는 존재나 사람이 따로 있는 것이 아닙니다. 신부님께서는 이것을 어떻게 해석하시겠습니까?

(로렌스 신부) 하느님이 인간의 죄를 벌한다는 성경의 말씀은 시적인 은유입니다. 그러나 예수님의 가르침을 통해 우리는 벌하는 하느님의 모습을 넘어서, 무조건적인 사랑을 주시는 하느님을 그릴 수 있게 되었다고 저는 생각합니다. 죄는 남아 있습니다. 죄는 실제로 있습니다. 악도 실제로 있습니다. 하지만 죄에 따른 벌은 원래부터 죄와 함께 있는 것입니다. 인과법칙이 논리적으로 보이지만, 그리스도교인은 인과법칙보다도 자유의지를 더 중요하게 여깁니다. 인간에게는 적어도 어느 정도 자유의지가 있습니다.

부활

| 요한복음 20장 10절-18절 |

그래서 두 제자가 자기 집으로 돌아가더라. 하지만 마리아는 무덤 밖에 서서 울고 있더라. 그녀가 울면서 몸을 구부려 무덤 속을 눈여겨보니 예수의 시체를 뉘였던 곳에 흰 옷을 입은 두 천사가 하나는 머리 쪽에, 하나는 발 쪽에 앉았더라.

천사들이 마리아에게 말했다. "여자여, 어찌하여 우느냐?" 마리아가 대답하기를 "사람들이 내 주를 데려갔는데, 그들이 주를 어디에 두었는지 내가 알지 못하나이다." 이 말을 하면서 마리아는 고개를 돌려 예수가 그곳에 서 계신 것을 보았으나 예수인 줄 알지 못하더라.

예수께서 마리아에게 물으시기를 "여자여, 어찌하여 울며

175

누구를 찾느냐?" 하시니 마리아는 그가 동산지기인 줄 알고 말하되 "주를 옮긴 사람이 당신이라면, 어디에 두었는지 내게 말해 주시오. 그러면 내가 가져가리다."

예수께서 "마리아야!" 하시니, 마리아가 돌아보며 "랍오니여!" 하고 외쳤다(이는 히브리말로 선생님이라). 예수께서 이르시되 "나를 만지지 말라. 내가 아직 아버지께로 올라가지 못하였노라. 너는 내 형제들에게로 가서 이르되, 내가 내 아버지 곧 너희 아버지, 내 하느님 곧 너희 하느님께로 올라간다 말하라."

막달라 마리아는 이런 소식을 갖고 제자들에게로 가서 "내가 주님을 보았습니다!" 하고 또 주께서 하신 말씀을 전하였다.(요한복음 20장 10절-18절)

저는 이 구절이 우리의 세미나에서 마지막으로 읽기에 아주 어울리는 구절이라고 생각합니다. 부처님의 대열반, 즉 육신의 껍질을 벗고 돌아가심은 그분이 인생에서 마지막으로 한 중요한 행동입니다. 요한복음의 이 구절도 같은 의미를 담고 있는 것으로 여겨집니다.

환생을 믿는 사람에게 죽음에 대해 말하는 것은 곧 환생에 대해 말하는 것이기도 합니다. 환생은 죽음 다음에야 올 수 있습니다. 앞에서도 간단히 살펴봤지만, 또다시 세계의 주요 종교에 공통된 주제가 있습니다. 종교를 창시한 스승들은 자신의 생애를 통해, 스스로 고통을 체험하고 고통의 가치를 깨닫는 일이 얼마나 중요한지 보여 준다는 것입니다.

로렌스 신부님은 오늘 아침 저와 이야기를 나누면서 베데 그리피스 신부님의 말씀을 들려주셨습니다. 베데 그리피스 신부님은 예수님의 몸을 세 가지로 나눠서 설명하셨다고 합니다. 육체적인 몸, 미묘한 몸, 영적인 몸이 그것입니다. 돌아가시기 전의 예수님의 몸은 육체적인 몸입니다. 부활은 했지만 아직 하느님 아버지께로 승천하지 않은 몸은 미묘한 몸입니다. 그리고 하느님 아버지께로 올라간 후의 몸은 영적인 몸입니다.

불교에서는 미묘한 몸, 정신적인 몸, 영적인 몸 등 여러 종류의 몸에 대해 폭넓게 얘기하고 있습니다. 하지만 예수님의 미묘한 몸과 불교 경전에서 설명하고 있는 미묘한 몸을 비교하면 한 가지 중요한 차이가 있음을 알 수 있습니다. 불교에서는 인간의 '몸'의 미묘함에는 사람마다 차이가 있다고 설명합니다. 사람마다 영적인 진화의 단계가 있기 때문에 그 몸의 미묘함은 아주 평범한 상태에서부터 출발해 완전한 깨달음을 얻은 상태로 옮겨 간다는 것입니다.

하지만 예수님의 경우는 하느님의 아들이라는 유일무이한 존재입니다. 따라서 예수님이 이런 단계들을 거쳐 간다고 말할 수는 없습니다. 예수 그리스도는 영적인 여러 단계를 거쳐서 성장하는 분이 아닙니다. 그렇지 않은가요?

(로렌스 신부) 그렇습니다. 부활은 윤회가 아닙니다.

(달라이 라마) 물론 저는 윤회에 대해 말하는 것은 아닙니다. 수행

자 개인에 대해 말하는 것입니다. 수행자가 영적으로 성장을 해나가면, 그의 육체까지도 더욱 미묘해집니다.

(로렌스 신부) 죽기 전에 예수님은 제자들과 세상에 일정한 방식으로 모습을 드러내셨습니다. 그런데 죽은 후의 예수님은 다르게 세상에 나타나십니다. 사후에 막달라 마리아와의 만남이 그렇듯이, 이제는 우리가 그를 알아봐야만 하는 존재가 된 것입니다. 예수님의 새로운 존재를 알아보기 위해서는 수행자는 반드시 새로운 눈을 가져야만 합니다.

　　우리는 복음서에서 예수님이 죽어서 부활하고 승천하기까지의 중간 단계들을 읽을 수 있습니다. 그리고 현재의 예수님은 거기에 적혀 있는 것과는 또 다른 모습으로 이 세상에 존재합니다. 오늘날 우리는 예수님이 성령을 통해 존재한다고 말하곤 합니다.

(달라이 라마) 불교에서도 부처님의 마지막 열반을 여러 가지 시각으로 이해하고 있습니다. 한 학파는 부처님의 열반이 부처님이라는 존재의 마지막을 장식하는 것이라고 주장합니다. 이것은 주로 고대 인도의 바이바시카 학파의 주장입니다. 부처님의 탄생이 역사 속 사실인 것처럼 그의 죽음도 분명히 역사 속 사실이었습니다. 부처님의 생애는 그렇게 시작되었고 그렇게 끝났습니다. 마지막 열반은 불꽃의 마지막 순간처럼 보입니다. 여러분이 불을 끄면, 그것이 불꽃의 마지막입니다. 거기 완벽한 무(없음, 고요, 평

온)만이 남습니다. 부처님의 의식조차도 더 이상 이어지지 못하고 끊어집니다. 바이바시카 학파의 추종자들은 의식에 시작은 없어도 끝은 있다고 주장합니다. 그렇기 때문에 죽음과 함께 의식은 활동을 멈춰 버린다는 것입니다.

그럼 이렇게 물을 수 있습니다. 그것이 사실이라면, 부처님을 따르는 자들이 그분을 존경하고 숭배하고 기도를 드리는 의미가 도대체 어디에 있는가? 그것이 대체 무슨 도움이 되겠는가? 부처님이 더 이상 존재하지 않는다면 그런 행동을 하는 목적이 무엇인가?

이 학파는 다음과 같이 대답합니다. 부처님은 영겁의 세월을 거치면서 공덕을 쌓고 지혜를 완성한 결과 완전한 깨달음에 이르렀다는 것입니다. 그리고 이 세월 동안에 부처님은 자신이 하는 모든 일이 다른 사람에게 이익을 주고 도움이 되도록 아주 강한 이타주의를 마음에 키웠습니다. 그 에너지와 진리의 힘은 사라지지 않고 이 우주 안에 여전히 남아 있습니다. 여러분이 부처님을 숭배하고 존경할 때 도움을 주는 것은 바로 그런 힘입니다. 하지만 역사 속에 존재했던 부처님은 마지막 열반을 끝으로 더 이상 존재하지 않는다는 것입니다.

하지만 불교의 많은 학파들은 이것과 다르게 생각합니다. 티베트 불교도 그중 하나입니다. 티베트 불교 전통에서는 불성이나 완전한 깨달음을 삼신, 곧 부처님의 세 가지 모습으로 이해하고 있습니다. 불타 석가모니는 역사 속 인물이었습니다. 다시 말해 그분은 특정한 시간과 공간, 배경과 환경 속에 존재하셨습니다.

그리고 쿠시나가르에서의 마지막 열반은 의심할 바 없는 역사 속 한 사건이었습니다.

하지만 부처님의 의식과 마음의 흐름은 계속 이어져 왔고, 지금도 항상 존재하고 있습니다. 인간의 모습으로 화신한 부처님이라는 존재는 열반을 끝으로 없어졌을지도 모릅니다. 하지만 완전한 근원의 상태인 보신의 모습으로는 지금도 계속 존재하고 있습니다. 그리고 생명 가진 모든 존재들에게 가장 알맞고 도움이 되는 여러 가지 모습으로 계속 나타나고 계십니다.

이런 시각에서 본다면, 역사 속 인물인 불타 석가모니는 사라지고 없지만, 부처님의 존재는 지금도 계속되고 있습니다. 이렇게 보면 인간의 의식은 처음도 없고 끝도 없이 영원히 이어지는 것입니다.

수행을 하는 불교인에게 부처님의 마지막 열반은 매우 상징적인 의미를 갖습니다. 왜냐하면 부처님은 눈을 감으면서 마지막으로, 모든 사물은 순간적이고 덧없다는 무상의 중요한 가르침을 남겼기 때문입니다. 모든 사물과 사건은 무상하고, 덧없으며, 영속하지 않는다고 부처님은 설파했습니다. 부처님은 또한 완전한 깨달음을 얻은 부처와 여래조차도 덧없는 존재이며 이 법칙에서 벗어날 수 없다고 하셨습니다. 이런 말을 남기고 부처님은 돌아가셨습니다. 따라서 부처님의 마지막 열반, 다시 말해 부처님이 역사 속에서 죽음을 맞이한 것은 수행을 하는 불교인들에게는 무상함을 깨닫는 일의 중요성을 다시 한 번 일깨우는 의미 깊은 사건입니다.

저는 이 복음서 구절에서 "내가 아직 아버지께로 올라가지 못하였노라."라는 예수님의 말씀이 흥미롭습니다. 그리스도교 신학에서는 승천을 어떻게 설명하고 있는지 궁금하군요.

(로렌스 신부) 요한복음의 앞부분에서 예수님은 이렇게 말씀하십니다. "나는 내가 온 곳을 알고 내가 갈 곳을 아노라." 예수님은 자신의 생애와 그 사명이 자신의 근원으로 돌아가는 것이라고 설명합니다. 예수님은 가는 곳마다 이렇게 말씀하십니다. "나는 아버지로부터 왔노라……." 예수님의 승천은 완전한 상태에 이른 자신의 인성을 아버지이신 하느님 속에 있는 자신의 근원과 다시 합치는 것입니다. 어느 의미에서 승천은 신성과 인성이 완전한 하나가 되는 것입니다.

(달라이 라마) 불교에서는 이 세상에 모습을 갖고 태어나는 현상과, 그것을 만들어 내는 힘 사이에는 특별한 관계가 있다고 생각합니다. 그리고 자신에게 주어진 운명을 실현하게 되면 모습을 갖고 태어나는 일도 더 이상 없게 된다고 생각합니다. 경우에 따라서는 저절로 그 모습이 사라져 버리기도 하지만 자신의 근원으로 다시 흡수되는 것으로 여겨집니다.

여기서 역사 속 불타 석가모니를 생각해 봅시다. 마지막 열반 후에 부처님의 육신은 분명히 그곳에 있었습니다. 부처님의 몸은 화장되었고, 많은 사람이 그것을 실제로 보았습니다. 하지만 불교 수행자들은 부처님의 의식, 다시 말해 부처님의 초월한 마음은 법신 속으로 다시 들어가 하나가 되었다고 말합니다. 그러나 어떤 불교 서적에서는 다르게 말하기도 합니다. 고도로 진화한 영적 존재는 육체적인 몸을 버리지 않고도 실제로 다른 정토에 갈 수 있다고 그 책에서는 말합니다.

(로렌스 신부) 방금 말씀하신 내용은 그리스도교의 시각에서 부활을 이해하는 또 다른 방법으로서도 큰 도움이 될 것 같습니다. 저 역시 많은 영감을 받았습니다. 저는 그리스도교인들도 부활을 우주적 차원에서 이해하고 있다고 생각합니다. 예수님은 인간의 모습을 갖고 태어난, 하느님의 화신입니다. 그리고 이 하느님의 말씀을 통해 천지창조가 일어나고 우주가 존재하게 되었습니다.

이제 인간의 모습을 한 예수님이 죽으면, 우주 전체가 겪게 될 똑같은 과정이 일어납니다. 인간으로서의 예수님의 육신은 그 전체 물질 에너지와 형태가 우주의 근원, 곧 하느님에게로 다시 흡수됩니다. 이것은 우주 전체가 결국 겪게 될 일입니다. 우주 안에 있는 모든 것은 하느님에게서 나왔고 하느님에게로 돌아갈 것입니다. 따라서 우리가 부활에서 보는 것은 물질이 변화되어 자신의 근원으로 돌아가는 것이라고 저는 생각합니다. 인간의 모습을 한 예수님의 육체와 마음과 영혼에게도 바로 그 일이 일어난 것입니다. 그리고 이것은 장차 시간이 끝나는 순간에 우주 전체에 일어날 일을 우리에게 미리 알려 준다고 말할 수 있습니다.

—

(로렌스 신부) 이제 우리 세미나도 끝맺을 시간이 되었습니다. 저는 우리들 모두의 마음을 대신해 달라이 라마 성인께 이런 말씀을 드리고 싶습니다. 지금까지 당신이 주신 훌륭한 가르침을 전부 자기 자신의 것으로 만들려면 두 번의 생을 사는 것으로도 부족하리라고 말입니다! (웃음)

저는 이제 참석자들이 개인적으로 낸 질문과, 토론 소그룹들이 제출한 질문 몇 가지를 당신께 드리고자 합니다. 비슷한 내용이 여럿 있었기 때문에 정리해서 말씀드리겠습니다. 또한 세미나를 시작하면서도 말했듯이, 저는 당신께서 대표하는 티베트라는 나라와 민족에 대한 우리의 큰 관심을 다시 한 번 말씀드리고 싶습니다. 평화와 정의를 실현하고자 하는 당신의 노력에 우리 모두가 온 마음을 실어 성원을 보냅니다.

첫 번째 질문은 성스러운 장소와 거룩한 땅에 대한 것입니다. 당신이 앞에서 말씀하신 성지 순례와 관련해서 나온 질문입니다. 당신은 여러 성지를 방문하는 것이 좋다고 말씀하셨습니다. 저희가 당신께 드리고 싶은 질문은 이것입니다. 한 장소를 성스럽게 만드는 것이 무엇이라고 생각하십니까?

(달라이 라마) 저는 먼저 그곳에 사는 영적인 수행자의 힘에 의해 성스러운 장소가 된다고 생각합니다. 어느 의미로는 한 사람의 영적인 깨달음에서 나오는 힘이 그곳에 '기를 불어넣고' 일정한 에너지를 준다고 할 수 있습니다. 그리고 이번에는 그 장소가 그곳을 찾는 사람들에게 '기를 불어넣을' 수 있습니다.

두 번째로 이런 성스러운 장소가 가진 중요한 역할이 또 하나 있습니다. 특히 주요 종교의 창시자들의 삶이 배어 있는 곳은 더욱 그렇습니다. 그 종교를 따르는 신도들이 그 장소를 찾아가면, 그들은 훌륭한 스승의 모범적인 삶에 대해 깊이 생각할 기회를 갖게 됩니다. 그리고 이런 영감과 자극을 받아 더욱 스승의 삶을 따르게 되는 것입니다.

(로렌스 신부) 성인께서는 신앙이 다른 사람들이 함께 성지 순례를 하는 것이 좋다고 생각하십니까?

(달라이 라마) 그렇습니다. 저는 실제로 그런 계획을 추진하고 있습니다. 저는 이것이 사람들에게 큰 도움이 될 것이라고 믿습니다.

(로렌스 신부) 앞의 질문과 어느 정도 관련이 있어 보이는 질문이 또 하나 있습니다. 그리스도교인이든 불교인이든 혹은 어떤 종교의 사람이든, 지금 티베트가 처한 상황에 관심을 갖고 스스로 무엇인가를 하고 싶다고 생각한다면 정신적인 방법이거나 다른 방법이거나 그들이 할 수 있는 일로 무엇이 있을까요? 서양은 티베트 문제에 무관심한 태도를 보이고 있지만, 그런 태도에 우려를 나타내는 사람들도 많이 있습니다. 그들이 어떻게 하면 당신과 티베트 민족에게 도움을 줄 수 있을까요?

(달라이 라마) 티베트의 독립 문제는 한 나라의 독립과 관련된 문제이지만, 사실 그것은 티베트에 전해 내려온 영적 전통이 자유를 얻어 살아남는 것과 매우 관계가 깊습니다. 따라서 티베트의 독립은 세계적으로 매우 중요한 문제입니다. 티베트의 오랜 정신이 이런 위협 속에서 살아남을 수 있다면, 그것은 장차 티베트 인에게도 도움이 될 뿐 아니라 중국인들의 행복에도 큰 기여를 할 것이라고 저는 생각합니다. 티베트의 영적 전통은 그 정도로 엄청난 잠재력을 갖고 있습니다.

따라서 저는 이런 시각에서, 인간의 영혼에 가치를 둔 모든 사람들, 다시 말해 모든 종교의 수행자들과 종교 단체들이 할 수 있는 특별한 역할이 있다고 생각합니다. 그것은 다름 아니라 그분들이 우리의 주장을 지지해 주는 일입니다. 그것으로도 그분들은 매우 중요한 일을 하는 것입니다.

(로렌스 신부) 여기 모인 우리 모두가 나날이 명상 수행을 실천하는 것도 매우 실제적인 방법이 될 것입니다. 그렇게 함으로써 우리 자신 속에 자비의 마음을 키워 티베트 문제를 해결하는 일에 더 적극적으로 참여할 수 있을 것입니다. 성인께서 우리를 격려해 주시고, 매일 꾸준히 명상하는 방법을 알려 주신다면 우리 모두가 큰 영감을 얻으리라 생각합니다.

갖가지 문제에 부딪치며 현대의 삶을 살아가는 수많은 도시 생활자들은 명상을 하는 것이 매우 어렵습니다. 그렇기 때문에 우리 같은 그리스도교 명상 공동체가 도움을 주기 위해 나선 것입니다. 하지만 수도원에 살지 않는 사람이 명상을 하는 것은 대체로 어려운 일입니다. 때로는 수도원에 사는 사람에게도 명상은 쉽지 않습니다! (웃음) 이런 우리에게 용기를 주십시오. 또한 매일 명상을 실천하고, 그 명상이 더욱 깊어지게 하려면 어떤 지혜가 필요한지 말씀해 주시기 바랍니다.

(달라이 라마) 어떤 사람이 영적 성장에 진정으로 깊은 관심을 갖고 있다면, 그는 명상 수행을 버릴 수 없습니다. 그것이 열쇠입니다! 단순한 기도나 바람은 내면의 영적 변화에 영향을 주지 못합니다. 영적 성장을 위한 유일한 길은 명상 수행을 통해 끊임없이 노력하는 길뿐입니다!

   물론 처음에는 명상을 하는 것이 쉽지 않습니다. 어려운 점을 발견하거나 열의가 식을지도 모릅니다. 아니면 처음에는 너무 큰 열의를 갖고 덤벼들다가도 이삼 주 지나면 차츰 그 열기가 시들해질 수도 있겠지요. 오랫동안 계속하겠다는 마음을 분명히 갖고, 일정한 속도로 꾸준히 하는 것이 필요합니다.

(로렌스 신부) 열의가 식어 명상을 그만두고 싶을 때는 어떻게 하면 좋을까요?

(달라이 라마) 명상을 하는 쪽이 좋은가, 안 하는 쪽이 좋은가를 놓고 깊이 생각하고 따져 봐야 합니다. 명상이 주는 이점과 가치, 효과에 대해 생각해 보는 한편, 명상을 하지 않아서 생기는 부정

적인 결과를 생각해야 합니다. 이 두 가지를 항상 마음속에서 비교하고 있으면, 열정을 계속 간직할 수 있습니다.

이 지구별에는 50억이 넘는 사람들이 있습니다. 넓게 말해서 우리는 이 거대한 인류를 세 가지 그룹으로 나눌 수 있습니다. 첫 번째는 신앙인과 영적인 수행자들, 두 번째는 신앙인이 아닐 뿐 아니라 사실은 종교를 부정적으로 보는 사람들, 그리고 세 번째는 종교적인 수행자라고 할 수는 없지만 종교에 대해 특별한 적대감이 없는 사람들입니다. 이들은 종교에 무관심한 사람들입니다.

하지만 세 가지로 구분되는 사람들 모두에게 근본적으로 같은 것이 있습니다. 모든 사람이 행복해지기를 원하고 고통에서 벗어나려는 자연스러운 본능을 갖고 있다는 것입니다.

만약 신앙인이나 수행자가 자신을 다른 사람과 비교하고 싶다면 세 번째 그룹의 사람들과 비교해서는 안 됩니다. 비교하려면 두 번째 그룹에 속하는 사람들과 비교해야 합니다. 이들은 종교에 반감을 가진 사람들로, 신앙이 없을 뿐 아니라 종교는 시대에 뒤떨어진 거짓된 것이라고 생각합니다.

여러분은 자신의 삶을 두 번째 그룹의 사람들과 비교해, 어느 쪽 삶이 더 만족스럽고 행복한 모습인가를 살펴봐야 합니다. 물론 어떤 면에서는 자신의 목적을 달성하기 위해서라면 '무엇이든' 하는 사람들이 더 성공적으로 보일 수도 있습니다. 하지만 성공적인 삶인가 아닌가는 결국 그 사람이 이뤄 낸 삶의 질, 그리고 그가 얻은 마음의 평화를 놓고 판단해야 합니다. 영적인 측면이 없는 삶에는 마음의 평화가 들어설 자리가 적어집니다. 과거 중국과 러시아의 지도자들을 보십시오. 물론 두 나라의 지도자들도 우리들과 마찬가지로 행복해지기를 원합니다! 하지만 행복해지기 위해 누구나 어떤 길을 선택하는데, 이들 두 나라의 지도자가 선택한 방식은 우리들의 것과 달랐습니다. 그들은 종교를 독이라 여겼습니다.

첫 번째 그룹의 사람들 역시 행복해지려는 소망을 갖고 있습니다. 그들은 그 방법으로 종교를 받아들였습니다. 이 사람들이야말로 진정한 수행자들입니다. 여기서 주의해야 할 것은, 신앙인이나 수행자라 해도 종교가 실제로 그 사람의 생활에 중요한 부분이 되지 않는 사람들은 진정한 수행자라 할 수 없다는 점입니다.

이 첫 번째 그룹과 두 번째 그룹을 비교할 때, 우리는 진정한 수행자들의 삶이 더 행복하고, 평안하고, 평화롭다는 것을 분명히 느낄 수 있습니다. 그리고 일반적으로 사회에서도 이런 사람들이 더 많은 신뢰와 존경을 받으리라고 저는 확신합니다.

이렇게 생각해 나가면, 종교와 정신적인 세계를 갖고 사는 것이 얼마나 가치가 있는지 알 수 있습니다. 이렇듯 다른 사람의 삶과 비교해 봄으로써 더 큰 확신을 얻을 수 있습니다. 때로는 여러분의 경험을 경전 내용과 비교하는 것도 도움이 됩니다. 이렇게 해서 조금씩 영적인 삶의 가치를 깨달아 갈 수 있습니다. 확신이 커질수록 열의도 높아지고 당연히 '앞으로 나아가는' 힘도 더 커집니다.

이런 일이 정말로 일어나야 하지만, 불행히도 현실 세계에서는 정반대되는 현상을 보게 됩니다. 만약 여러분이 무엇인가를 얻으려고 아주 간절히 바란다면, 당연히 그것을 얻으려는 행동도 더욱 강해질 것입니다. 이를테면 선거에 당선하기로 굳게 결심한 정치인들을 보면, 그들은 그 목표를 이루려고 거의 모든 것을 바치는 것 같습니다. 그들은 선거 유세를 떠나 이곳저곳을 들르는데, 유세 기간 중에 이미 눈에 띄게 수척해진 것을 볼 수 있습니다! (웃음) 그 정도로까지 자신을 바치는 것입니다. 돈을 벌고 이윤을 남기는 일에 유일한 목표를 두는 사업가들도 그것에 못지않은 열의와 헌신을 보입니다. 그들은 너무도 간절히 바란 나머지 목표 달성을 위해서라면 자신의 모든 것을 바칩니다.

영적인 수행자들이 바로 그러해야 합니다. 그러나 이제 그 정도까지 온 몸과 마음을 바치는 수행자는 찾아보기 힘든 것 같습니다! (웃음) 제가 말하려는 요점은 이것입니다. 여러분이 이루고자 하는 목표를 더욱 분명히 알수록, 그리고 그것에 더욱 자신을 바칠수록, 여러분은 그 길을 걸어가면서 더욱 강한 동기를 갖게 됩니다.

수행을 시작하면서, 영적인 성장이 결코 쉽지 않다는 각오를 갖는 것이 아주 중요합니다. 그것은 시간이 걸리는 일입니다. 시작부터 짧은 기간에 급격한 변화를 이룰 것이라고 너무 크게 기대한다면, 틀림없이 실패하고 맙니다! (웃음) 그러므로 여러분은 긴 시간을 잡고 영적인 성장을 준비해야 합니다.

(로렌스 신부) 그 기간이 얼마나 오래 걸릴까요?

(달라이 라마) 지금 신부님의 질문에 한 사람의 불교인 입장에서 대답한다면, 영겁의 세월이라고 답할 수 있습니다. 영겁의 세월에서 보면, 몇 달이라든가 몇 년이라든가 하는 것은 아무것도 아닙니다. 이 짧은 일생마저도 정말 아무것도 아니지요! (웃음) 수백 년, 그것도 별것 아닙니다! (웃음) 여러분이 수많은 영겁의 세월을 생각하면, 실제로 굳은 결심을 하는 데 도움이 됩니다. 하지만 여기서는 얼마나 오래 걸리는가를 말하려는 것이 아닙니다. 중요한 것은, 사람이 일생동안 어떻게 하면 좋은 삶을 사는가 하는 것입니다.

(로렌스 신부) 우리 그리스도교인들은 성령이 단지 그리스도교인들 사이에서만 살아 움직이지 않고, 전 인류와 진리를 추구하는 사람들이 있는 곳에서는 어디서든 작용한다고 믿습니다. 아마도 많은 사람들이 다음과 같은 저의 생각에 동의할 것입니다. 당신과 당신의 많은 동료 수도자들, 그리고 티베트의 평신도들은 티베트의 지혜를 서양에 가져다주고, 엄청난 개인적 희생과 고통을 치르면서 자비와 용서와 너그러움을 널리 보여 주었습니다. 그것 역시 성령의 힘이 작용한 것이라고 저는 믿습니다.

성인께서 이 나라와 서구 세계를 방문하신 것은 그리스도교인들에게는 큰 선물이라고 저는 여깁니다. 영적 추구에 대한 열정과 영적 성장을 이루려는 의지를 잃어버린 서양인들에게 당신은 새로운 시각과 방식으로 종교를 이해할 수 있게 해 주셨습니다. 현대 세계에서 우리는 어느 때보다도 많은 여가 시간, 좋아진 건강, 나아진 생활환경, 더 많은 물질을 누리고 있습니다. 그런데 이렇게 더 나아진 삶을 사는 우리가 앞서 말한 의미의 진실한 종교성과 영적 수행을 잃어버린 이유를 어떻게 이해하면 좋을까요?

(달라이 라마) 신부님께서 계시는 수도원에는 여가 시간이 있을지 모르겠습니다만 바깥의 삶, 특히 도시에서의 삶은 겁날 정도로 빨리 달려가고 있답니다! (웃음) 한순간도 멈추지 않는 시계처럼 말입니다! 사실 바로 며칠 전에 저는 제 친구에게 이렇게 말했습니다. 도시인들의 삶을 들여다보면 인간의 삶이 한 치의 오차도 없이 꽉 조여진 나사처럼 느껴진다고 말입니다. 어느 의미에서 여러분은 자신의 뜻대로 자신의 삶을 살지 못합니다. 살아남기 위해 자신에게 강요되는 속도와 방식에 따라야만 합니다.

(로렌스 신부) 명상에 대해 말할 때 제가 자주 듣는 얘기가 있습니다. '명상을 하고 싶지만, 너무 바빠서 시간이 없다'는 것입니다. 성인께서는 이들에게 어떤 말을 해 주시겠습니까?

(달라이 라마) 그 질문을 들으니 이런 이야기가 생각나는군요. 옛날에 두 명의 수도승이 있었습니다. 그들은 스승과 제자였지요. 어느 날 스승은 제자를 격려하기 위해 이렇게 말했습니다.

"하루 날을 잡아 꼭 소풍을 가기로 하자."

며칠이 지나도 스승은 그 약속을 잊은 듯 소풍 갈 생각을 하지 않았습니다. 제자는 할 수 없이 스승에게 약속을 일깨웠습니다. 스승은 자신이 너무 바빠 당분간은 소풍을 갈 수 없다고 말했습니다. 오랜 시간이 지났습니다. 소풍은 가지 않았습니다. 다시한 번 제자는 스승을 일깨웠습니다.

"그 대단한 소풍은 언제쯤 가는 거죠?"

스승은 말했습니다.

"지금은 안 된다. 난 지금 너무 바쁘다."

그러던 어느 날, 제자가 마당에 서서 사람들이 시신을 나르는 것을 구경하고 있는데 스승이 와서 물었습니다.

"무슨 일이냐?"

그러자 제자가 대답했습니다.

"저 불쌍한 남자가 이제서야 소풍을 가고 있군요!" (웃음)

핵심은 이것입니다. 여러분이 인생을 살면서, 자신이 진정으로 원하는 일을 위해 특별히 시간을 내지 않는다면, 늘 해야 할어떤 일이 있을 것이고 늘 너무나 바쁠 것입니다.

(로렌스 신부) 이제 이 세미나를 마치면서 제가 결론으로서 성인께 몇 말씀 드리고자 합니다. 그다음에는 아일린 오히아 수녀께서 참가자들을 대신해 감사의 말을 해 주셨으면 합니다.

저는 무엇보다도 제 존재의 깊은 곳으로부터 당신께 감사드리고 싶습니다. 우리의 존재는 여전히 우리 모두에게 신비한 것으로 남아 있지만, 당신이 우리에게 가능하게 해 주신 것, 그리고 우리에게 전해 주신 것에 대해 우리 모두 존재 깊은 곳으로부터 고마움을 느낍니다.

저는 지난 며칠 동안 우리가 역사적인 행사에 참여하고 있다는 것을 깨달았습니다. 그리고 이 역사적인 행사는 어디까지나 당신의 용기와 놀라울 정도로 열려 있는 정신 덕분에 가능했습니다. 당신은 너무도 소중한 시간을 내어, 익숙하지도 않은 성경의 세계를 큰 용기를 갖고 탐구해 주셨습니다.

당신께서 성경을 강의하는 것을 들으면서 저는 큰 감동을 받았습니다. 당신은 불교에서 닦은 직관적인 지혜와 진리에 대한 감각을 바탕으로 성경에 담긴 많은 진리를 더없이 깊고 분명하게 이해하셨을 뿐 아니라, 그것을 우리들에게 새로운 방식으로 드러내 보여 주셨습니다.

이런 일은 우리가 아주 귀중하고 신성하게 여기는 것을 당신께 믿고 맡길 수 있었기 때문에 가능했다는 생각도 들었습니다. 우리가 당신께 가졌던 신뢰는 훨씬 큰 보답이 되어 돌아왔습니다. 우리가 귀중하고 신성하게 여기는 것을 당신은 깊은 존경심과 경의를 품고 다루었으며, 끝까지 신성한 마음을 잃지 않았습니다. 우리는 그것에 대해서도 깊이 감사드립니다.

당신은 우리와 함께 성경을 탐구하면서 저 자신뿐 아니라 우리 모두에게 비폭력 정신을 실제로 보여 주셨습니다. 당신은 성경에 적힌 내용을 다소 거칠게 다룰 수도 있었습니다. 그리고 당신은 그럴 만한 힘을 갖고 있습니다! 하지만 그렇게 하는 대신에 당신은 자신의 지혜와 통찰력과 지성의 힘, 그리고 놀랍도록 섬세한 영적인 힘을 사용했습니다. 이것은 비폭력 정신이 주는 큰 가르침이었습니다. 우리 모두는 그 가르침을 앞으로도 소중히 여길 것입니다.

복음서의 여러 구절들을 거쳐 오늘 오후 그리스도교 신앙의 근본적인 신비인 부활에 대한 강의를 마치기까지, 성인께서 사용하신 단어와 생각과 비유들은 언어의 차이를 뛰어넘어 우리의 문화를 하나로 결합시켜 주었습니다. 세미나가 끝나면 여러 종교가 모여 축제를 열 텐데, 이 축제에서는 언어뿐 아니라 노래, 음악, 춤 같은 또 다른 표현 방식들이 우리를 진리의 다른 차원으로 인도할 것입니다. 하지만 제가 말씀드렸듯이 당신의 탁월한 언어와 사상은 이미 우리로 하여금 많은 한계를 뛰어넘게 하였습니다. 저는 이것이 우리의 마지막 탐구라고는 생각하지 않습니다. 어떤 방식으로든 성인께서 이런 대화를 계속하시기를 저는 희망하고 기도하겠습니다.

세계 그리스도교 명상 공동체를 대신해서, 그리고 그리스도교 교회와 교단을 대신해서 당신께 감사드리고 싶습니다. 저는 이번 세미나가 서로 다른 종교들이 깊은 대화를 나눌 수 있음을 보여 주었다고 생각합니다. 쉽게 눈에 띄는 비슷한 점을 찾는 것이 아니라, 함께 진리를 탐구하면서 말입니다. 우리는 서로 평행선을 달리고 있는지도 모르지만, 정신은 하나로 연결되어 있습니다.

우리가 그리스도교인으로서 다른 사람들의 종이라는 사실

을 받아들이는 데는 용기가 필요합니다. 예수님은 복음서에서 자신이 주인이나 스승이 아니라 종이라고 말씀하십니다. "나는 섬기는 자로서 너희 속에 왔노라." 예수님을 따르는 많은 사람들은 이 사실을 잊고 있었습니다. 그리스도교인들과 교회는 역사 속에서 수없이 세속적, 정치적, 종교적 권력을 추구해 왔으며 제국주의나 여러 모습의 권위주의를 통해 사람들을 억눌러 왔습니다. 인간 존재로서 우리는 그것이 죄악이라는 것을 알고 있습니다.

하지만 당신은 우리가 겸손함의 본질과 그리스도교인의 역할을 이해할 수 있도록 도와 주셨습니다. 그리고 우리들 자신이 제자와 종이라는 사실을 깨닫게 하셨습니다. 우리는 앞으로도 종교들의 화합에 도움이 되는 일을 계속 실천해 나갈 것을 이 자리에서 약속드립니다.

마지막으로 저는 이 세미나가 좋은 결실을 맺을 수 있도록 도움을 주신 많은 분들께 감사드리고 싶습니다. 여러 자원봉사자들과 영상을 담당하신 분, 그리고 이 일을 진행하기 위해 8주 전에 캐나다에서 오신 행사 기획자 클렘 소베 씨에게 특별히 감사드립니다. 마지막으로 어느 면에서 보아도 크게 감사해야 할 분이 계십니다. 절대 그분을 웃기려는 것이 아닙니다! (웃음) 성인의 통역을 맡아 주신 둡텐 징빠 스님께 정말 감사드립니다.

그럼 이제 아일린 수녀께서 말씀해 주십시오.

(아일린 오히아) 로렌스 신부님께서 이미 다 말씀하셨기 때문에 제가 성인께 따로 말씀드릴 내용이 있을지 모르겠습니다. 여기

모인 참석자들을 대표해 저는 말로 표현 못할 만큼 당신께 감사하다는 말씀을 드리고 싶습니다. 당신은 티베트 문화와 티베트 불교의 전통 속 지혜를 우리에게 나눠 주셨습니다. 당신을 바라보면서 우리는 지성의 명징함과 마음의 순수성이 진정 무엇을 의미하는지 알 수 있었습니다. 그리고 우리 또한 그런 상태에 이를 수 있도록 노력하지 않으면 안 된다는 것을 느꼈습니다.

당신은 말씀뿐 아니라 당신의 존재와 당신이 드러내는 사랑 그리고 자비로서 우리를 가르쳐 주었습니다. 이제 저에게 이런 단어들은 다시는 이전과 같은 의미로 다가오지 않을 것입니다! 이 모임 때문에 제 삶이 변했다고 저는 스스로 깨닫고 있습니다. 그리고 저는 이곳에 모인 많은 사람들도 그렇게 느꼈을 것이라고 생각합니다.

그리스도교의 성경은 하느님의 살아 있는 말씀이라고 우리는 생각합니다. 어느 날 우리가 성경을 펼쳐 읽을 때, 우리는 그곳에서 대단한 의미를 찾지 못할지도 모릅니다. 그저 오래된 이야기로 여길지도 모릅니다. 하지만 그럴 때조차도 성령의 은혜는 늘 우리를 인도하고 있습니다. 우리가 쉬지 않고 노력한다면, 하느님의 말씀은 다시 생명을 얻어 깊고 깊은 의미를 전해 줄 것입니다.

당신께서 읽어 주는 성경 구절을 들으며, 저는 예수님의 말씀이 우리가 알고 있는 것 이상으로 깊은 의미를 갖고 있다는 것을 깨달았습니다. 여기에 있는 모든 사람이 같은 것을 느꼈을 것입니다. 당신께서 우리의 성경을 함께 읽어 주신 것처럼 거기에 대한 보답으로 우리 역시 불교 경전을 읽어 내려가며 함께 생각을 나누고 싶지만, 그렇게 하지 못하는 것이 유감스러울 따름입니다.

그리고 티베트 민족이 오랜 기간에 걸쳐 겪고 있는 잔혹한 시련에 우리 역시 가슴 아파하고 있음을 말씀드리고 싶습니다. 저는 이곳에 온 많은 사람들이 그런 심정을 고백하는 것을 들었습니다. 저는 우리 정부가 당신들을 도와주지 않는 것에 대해 미국 시민으로서 큰 부끄러움을 느낍니다. 저는 더 이상 이 일에 대해 침묵하지 않겠다고 당신께 분명히 말씀드릴 수 있습니다.

누군가는 이번 세미나가 훌륭한 잔치였다고 하면서, 인간은 살기 위해 먹어야 한다고 말했습니다. 저는 당신과 만났기 때문에 우리 모두가 더 잘 살 것이라고 생각합니다. 우리가 다시 만날 수 있을지, 또다시 지난 며칠처럼 당신 가까이에 있는 특권을 누릴 수 있을지 저는 알 수 없습니다. 하지만 저는 명상과 기도 속에서 우리가 언제라도 다시 만날 수 있다고 굳게 믿습니다. 우리는 이곳을 떠나 헤어질 것이지만, 명상과 기도의 체험을 통해 언제나 의식의 교류가 이루어질 것입니다.

그렇기 때문에 저는 이곳에 와 주신 성인께 진심으로 감사드립니다. 저는 앞으로 당신이 하는 모든 일이 잘되기를 바랍니다. 기도와 감사와 축복의 말을 함께 드립니다.

토머스 머튼의 말을 인용하면서 제 얘기를 마치고자 합니다.

"우리들 존재의 중심에는 순수한 빛이 머무는 장소가 있다. 그곳은 죄나 환상에 물들지 않은 장소이다."

당신은 이번의 만남을 통해 당신 안에 있는 그 '순수한 빛이 머무는 장소'를 볼 수 있게 해 주셨습니다. 정말 감사드립니다.

(달라이 라마) 짧았지만 귀중한 며칠을 여러분과 함께 보낼 수 있어서 무척 기뻤다는 말을 하고 싶습니다. 이 며칠 동안에 저와 로렌스 신부님의 우정이 더욱 깊어졌습니다. 저는 또한 이 자리를 빌려 여러분이 저의 일과 저희 나라와 민족을 위해 아낌없는 관심과 연민과 지원을 보내 주신 것에 대해 깊이 감사드립니다. 여러분은 가식 없이 마음 깊은 곳으로부터 그런 심정을 표현하셨습니다. 그래서 저는 기뻤고 깊은 감동을 받았습니다. 여러분께 감사드립니다.

저는 또한 이 성경 읽기와 토론의 자리에 참석해 주신 여러분 모두에게 고개 숙여 감사드리고 싶습니다. 제가 너무나 대충, 그리고 다소 즉흥적으로 말하고 있음에도 불구하고, 여러분 모두가 더없이 진지하게 귀 기울여 듣는 것을 보고 저는 매우 깊은 감명을 받았습니다. 이 며칠 동안 저의 말을 듣고서, 혹은 이 세미나에 참석하고서 여러분의 생애에 조금이라도 도움이 되었다면 저로서는 그것이 큰 기쁨입니다. 끝으로 여러분 모두에게 드리고 싶은 말씀은 이것입니다. 여러분의 귀중한 삶을 가능한 한 의미 있는 것으로 만드십시오.

그리스도교의 해석
— 로렌스 프리먼 신부

달라이 라마의 '선한 마음' 세미나를 준비하면서 우리는 강의 텍스트로 신약성서 복음서에서 여덟 개의 구절을 골랐다. 이 구절들은 우리가 보기에 사복음서의 저자인 마태, 마가, 누가, 요한의 특징을 잘 나타내고 있다고 여겨진다. 또한 이 구절들은 예수님과 그분의 가르침, 그분의 본질, 그리고 그분이 하느님 아버지에 대한 깊은 깨달음을 통해 얻은 능력이 무엇인가를 잘 보여 준다. 나아가 그리스도교 신앙의 핵심이라고 할 수 있는 부활에 대해 그리스도교가 어떻게 받아들이고 있는가를 말해 준다.

물론 성경에는 '성체'처럼 그리스도교인들이 중요하게 여기는 것들이 그밖에도 많이 있지만, 한정된 시간 때문에 이번 세미나 주제에서는 제외시킬 수밖에 없었다. 우리가 선택한 구절들이 그리스도교 신앙을 가장 잘 대표하는 것이라고 단정할 수는 없다. 그러나 이 구절들은 그리스도교와 불교의 같은 점과 다른 점을 잘 드러내준다. 특히 침묵을 바탕으로 한 대화와 명상을 통해 서로의 신앙과 믿음 속에서 그것들에 대해 사색하기에 더없이 좋은 주제라고 우리는 여겼다.

사실 우리의 '선한 마음' 세미나는 그때 그 행사만으로 막을 내린 것이 아니다. 우리는 그 세미나를 비디오로 촬영했으며, 이 비디오를 보면서 대화는 지금까지도 이어지고 있다. 불교인과 그리스도교인들이 그룹으로 만나 명상하고, 비디오를 보고, 그것에 대해 토론하고 있다. 이 책을 통해서도 우리는 그런 대화가 더욱 깊어질 수 있기를 희망한다.

나는 여기서 달라이 라마 성인이 강의한 여덟 편의 복음서 구절에 대해 그리스도교의 시각에서 몇 가지 간단한 설명과 해설을 덧붙이고자 한다. 이것은 다만 복음서를 처음 접하는 사람들이나 불교인들이 성경 복음서가 어떻게 해서 쓰여졌으며, 거기에 담긴 의미는 무엇인가를 조금이라도 이해할 수 있도록 하기 위한 것이다. 물론 그 복음서를 불교적으로 어떻게 해석할 수 있는가가 바로 이 책의 내용이자 달라이 라마 성인의 강의 내용이다. 그분이 강의한 복음서의 여덟 구절을 찾으려면 책 앞의 차례를 참고하면 될 것이다.

여기 이 짧은 해설을 덧붙이면서 나는 되도록 전문 용어는 피하려고 노력했다. 복음서의 구절들은 단순해 보이지만 사실은 구절마다 많은 의미를 담고 있다. 따라서 자신의 신앙에 진지한 자세를 가진 불교인과 그리스도교인이 만나 그것을 놓고 대화를 나눈다면, 그것이 어떤 종류의 대화이든 매우 가치 있고 서로에게 큰 도움이 될 것이다.

복음서 강의를 준비하면서 달라이 라마는 그리스도교인이 간직한 신앙을 무시하거나 그 신앙에 도전하려는 마음이 조금도 없다고 강조했다. 그것이 이 강의에 임하는 그분의 자세였다. 실제로 그분의 깊은 통찰력에서 우러나온 복음서 강의를 듣고 나서 그리스도교인들은 신앙이 흔들리기보다는 오히려 더욱 깊고 분명한 신앙을 갖게 되었다. 그 자리에 참석한 불교인들 역시 공감과 이해의 폭을 넓힐 수 있었다.

우리가 대화를 하는 목적은 어떤 결론적인 답을 얻어 내려는 것이 아니다. 보다 깊고 풍부하게 진리를 이해하려는 데 있다. 한 걸음 더 진리에 다가가려는 데 있다. 진리는 모두를 포함하고, 모두를 채우며, 예수님의 말씀처럼 궁극적으로는 공포와 무지로부터 우리 모두를 해방시켜 준다.

원수를 사랑하라
| 마태복음 5장 38절-48절 |

또 눈에는 눈으로, 이에는 이로 갚으라는 말을 너희가 들었으나, 나는 너희에게 이르노니 너희를 괴롭히는 자에게 대항하지 말라. 누구든지 네 오른편 뺨을 치거든 왼편도 돌려 대며, 또 너를 고소하여 속옷을 갖고자 하는 자에게는 겉옷까지도 갖게 하라. 또 누구든지 너를 억지로 오 리를 가게 하거든 그 사람과 십 리를 동행하라. 네게 구하는 자에게 주며, 네게 꾸고자 하는 자에게 거절하지 말라.

또 네 이웃을 사랑하고 네 원수를 미워하라는 말을 너희가 들었으나, 나는 너희에게 이르노니 너희 원수를 사랑하며 너희를 핍박하는 자를 위해 기도하라. 이같이 하면 하늘에 계신 너희 아버지의 아들이 되리라. 하느님은 해를 악인과 선인에게 고루 비추시며, 비를 의로운 자와 불의한 자에게 고루 내리는 분이시라. 너희가 너희를 사랑하는 자만을 사랑한다면 무슨 상을 기대할 수 있겠느냐. 세리도 이와 같이 하느니라. 또 너희가 너희 형제에게만 인사한다면 남보다 나을 것이 무엇이냐. 이방인들도 이같이 하느니라. 그러므로 하늘에 계신 너희 아버지의 선함이 무한하듯이 너희의 선함도 끝이 없게 하라.

산상수훈은 마태복음의 앞부분에 있다. 그리고 마태복음은 네 개의 복음서 중에서도 맨 앞에 실려 있다. 모든 복음서와 마찬가지로 마태복음도 역사 속 어떤 사실을 보고하기 위해 쓰여진 것이 아니며, 또 그렇게 읽어서도 안 된다. 복음서는 어디까지나 부활이라는 경험을 역사에 적용한 것으로 읽어야 한다. 따라서 부활이라는 관점에서 복음서를 이해하지 않으면 안 된다. 그리스어로 '복음'은 에반겔론(evangelon)이며, 그것은 '좋은 소식'이란 뜻이다.

복음서의 저자들, 다시 말해 복음 전파자들은 각자 다른 시각에서 예수님의 생애와 가르침을 다루고 있다. 왜냐하면 이들 저자들은 제각기 다른 독자들을 대상으로 글을 썼기 때문이다. 이 때문에 복음서들마다 내용과 표현에 약간씩 차이가 있는 것이다. 복음서는 모두 처음에는 아람어로 구전되다가 나중에 그리스어로 기록되었다. 이를테면 마태복음은 예수님이 죽어 부활한 지 70년쯤 뒤에 유대인들 중의 그리스도교인들을 위해 쓰여진 것으로 보인다.

여기 이 구절은 산상수훈에서 가져온 것이다. 산상수훈은 네 복음서 모두에 실려 있는 예수님의 중요한 가르침이다. 불교인들은 이 구절을 읽고 부처님이 인도 사르나트의 사슴 동산에서 행한 첫 번째 설법을 떠올릴 것이다. 예수님도 야외에서 많은 사람들을 향해 이 산상수훈을 설하셨다. 이 설교에는 예수님이 강조한 종교적, 도덕적 가르침의 핵심이 담겨 있다. 예를 들어 예수님은 단순히 겉으로 의식을 행하는 것을 뛰어넘어, 마음의 종교를 간직하는 것의 중요성을 역설하고 있다.

이 구절 앞부분에서 예수님은 자신을 해치는 자에게 복수하지 말라고 가르친다. 이런 사상은 고대 근동 지방에 있던 복수의 법과 대조를 이룬다. 예수님은 심지어 우리를 해치는 자에게 저항하지 말라고 말한다. 전통적으로 유대인들의 화법에는 과장이 많지만, 예수님도 이 방식을 써서 '한쪽 뺨을 맞으면 다른 쪽 뺨을 돌려 대고, 언제든 달라는 것은 주라'고 강조하고 있다. 자신을 따르는 무리들에게 예수님은 요구하는 대로 줄 뿐 아니라 그 이상을 줘야 한다고 가르치고 있다. 속옷과 겉옷에 대한 비유는 당시 팔레스타인 농부들이 단지 이 두 가지 옷만 입곤 했다는 것을 알면 이해하기 쉬울 것이다.

무저항과 순종의 원칙에 대해선 이 구절에 더할 나위 없이 분명하게 표현되어 있다. 그럼에도 불구하고 그리스도교의 역사를 보면 이 가르침을 어떤 식으로든 합리적으로 설명하려는 시도가 자주 발견된다.

이 구절의 두 번째 부분은 원수를 사랑하라고 말하고 있다.

여기서 '네 이웃'이란 마을이나 같은 집단에 있는 누군가를 의미한다. 그리고 '원수'는 자신을 해치는 자, 혹은 단순히 낯선 사람, 이방인을 뜻할 수도 있다. 우리는 '내 이웃을 사랑하는' 것만으로는 충분하지 않다. 단순히 그것만으로는 '하느님과 같은 존재'인 인간의 가능성을 다 실현하는 것이 아니다.

초기 그리스도교 사상가들은 말했다. 인간이 하느님이 될 수 있게 하려고 하느님이 인간이 되었다고. 예수님의 이 가르침은 우리가 하느님처럼 공평하게 모든 사람들을 사랑함으로써 '하느님의 자녀'가 될 수 있음을 보여 준다. 하느님의 선함에는 한계가 없다. 인간의 선함도 마땅히 그와 같아야 한다.

'선하다'는 뜻의 히브리어 토브는 '전체' 혹은 '완전함'을 의미한다. 인간의 생애를 완전한 것으로 만드는 것은 바로 원수를 사랑하는 일이다.

이 구절에 나오는 세리들은 오늘날 중국이 티베트를 강제로 점령했듯이 당시 팔레스타인을 점령한 로마군에 협력한 자들을 가리킨다.

마음이 가난한 자에게 복이 있나니

| 마태복음 5장 1절-16절 |

예수께서 무리를 보시고 산에 올라가 앉으시니 제자들이 앞으로 나아왔다. 그러자 예수께서 말씀하셨다.

"마음이 가난한 자는 복이 있나니
하늘나라가 저희 것이요,
슬퍼하는 자는 복이 있나니
저희가 위로를 받을 것이요,
온유한 자는 복이 있나니
저희가 땅을 소유하게 될 것이요,
의로움에 굶주리고 목마른 자는 복이 있나니
저희가 배부를 것이요,
남을 불쌍히 여기는 자는 복이 있나니
저희가 불쌍히 여김을 받을 것이요,
마음이 깨끗한 자는 복이 있나니
저희가 하느님을 볼 것이요,
평화를 만드는 자는 복이 있나니
저희가 하느님의 아들이라 일컬음을 받을 것이요,
의로운 행동으로 인해 핍박을 받는 자는 복이 있나니
하늘나라가 저의 것이라.

나로 인하여 누군가 너희를 욕하고 핍박하고 중상 모략하는 말을 할 때는 너희에게 복이 있나니 기뻐하고 즐거워하라. 하늘에서 너희의 상이 큼이라. 너희 전에 있던 선지자들도 이같이 핍박을 받았느니라.

너희는 세상의 소금이나, 소금이 만약 그 맛을 잃으면 무엇으로 짜게 하리오. 후에는 아무 쓸 데 없어 다만 밖에 버려져 사람에게 밟힐 뿐이니라.

너희는 세상의 빛이라. 언덕 위에 있는 마을은 숨길 수가 없다. 사람이 등불을 켜서 구유통 아래 두지 않고 등잔대 위에 두나니, 그럼으로써 집안 모든 사람에게 비치느니라. 등불처럼 너희도 빛을 사람 앞에 비춰, 그들이 너희 착한 행실을 보고 하늘에 계신 너희 아버지께 영광을 돌리게 하라."

이 구절은 산상수훈의 첫 부분에 실려 있다. '여덟 가지 복'은 행복과 축복의 본질이 무엇인가를 보여 주는 예수님의 중요한 가르침이다. 이것은 미덕을 행하는 일과 마음의 행복이 아주 가까운 관계에 있다고 보는 성경 전체의 사상과 일치한다. 여기서 '복'이라는 뜻의 고대 그리스어 마카리오스는 '축복'과 '행복' 모두를 의미한다.

이 여덟 가지 복에 대한 가르침에서 예수님은 인간 행복의 참된 본질이 무엇인가를 보여 준다. 여덟 가지 복에 대한 가르침은 매우 역설적이며, 인간 본성의 도덕적인 혁명을 이야기하고 있다. 그 혁명은 아직까지도 완성되지 않았다. 따라서 하늘나라는 '지금 여기'에 있으며, '아직 오지 않은' 것이다.

1. '마음이 가난한 자'에서 우리는 예수님이 특별한 관심을 보인 물질적인 가난과, 하느님에게 의지해야만 하는 인간의 숙명 둘 다를 엿볼 수 있다. 우리는 자기 혼자 만족하면서 살 수는 없다. 누구든지 서로 의지하고 서로를 책임져야만 한다. 이 사실을 알 때 우리는 '하느님이 필요하다'는 것을 깨닫게 되며, 그때 우리

는 심령이 가난해진다. 이런 의미에서 이 말은 무소유, 혹은 어떤 것에도 집착하지 않는 태도를 의미하는 것일 수도 있다.

2. '슬퍼하는 자'는 복이 있다. 왜냐하면 그 슬픔의 경험을 통해 자신이 지금 하느님으로부터 떨어져 있다는 사실과 마주할 수 있기 때문이다. 여기서 슬픔은 외부의 고통뿐 아니라 완성을 향해 노력해야만 하는 인간의 숙명을 말한다. '저희가 위로를 받을 것이요'는 구원 혹은 해방을 얻은 상태를 의미한다.

3. '온유한 사람'은 땅을 상속받을 것이다. 무저항은 악을 물리치는 가장 좋은 방법이다. 여기서 '땅'은 반드시 현재의 삶을 의미하는 것은 아니다. 악은 언제나 스스로를 파멸시킨다. 악이 실패하는 것은 그것에 끝이 있기 때문이다. 온유함은 무한한 것이기 때문에 승리한다.

4. '의로움에 굶주리고 목마른 자는 복이 있나니……' 올바름과 정의를 사랑하는 사람에게는 진정한 행복이 찾아온다. 여기서 올바름과 정의란 무엇인가? 그것은 사람의 뜻을 하느님의 뜻과 하나로 합치는 것을 의미한다. 그리고 실제 삶에서는 자비심과 떨어질 수 없는 관계이다.

5. 다른 사람에게 자비를 베풀면 그들도 자비로운 사람이 된다. 신약성서에서는 가난한 사람에게 베푸는 것과 원수를 용서하

는 것 두 가지를 위대한 자비로 꼽고 있다.

6. '마음이 깨끗한 자'는 하느님을 볼 것이다. 마음의 순수함은 에고에 사로잡히지 않고 진리를 있는 그대로 볼 수 있는 능력이다. 이것은 순수하게 종교 의식을 행하는 것과도 다르며, 일반적 의미의 '도덕적 순수성'과도 다르다.

7. '평화를 만드는 자'는 하느님의 자녀이다. 적과의 화해는 복음서에서 그리스도교인의 사명으로 자주 권하는 일이다. 성 베드로가 편지에서 썼듯이 이들은 신성을 간직한 사람들이다. 갈라져 서로 싸우는 곳에 평화와 조화를 가져다주는 것이 하느님의 본질이기 때문이다. 그리고 하느님의 자녀인 인간은 그 아버지의 본질을 공유하고 있다.

8. '의로운 행동으로 인해 핍박을 받는 자는 복이 있나니…….' 이 구절 뒤에서 예수님은 '의를 위해' 핍박을 받으면 큰 보상을 얻게 되리라고 자신을 따르는 자들을 안심시킨다. 여기서는 제자가 되려는 사람이 가져야 할 자세에 대해 말하고 있다. 그리스도교인이 각자 겪는 고난은 개인적으로 예수님과 관계가 있다. 또한 초기 그리스도교인들은 소수파로서 많은 박해를 받았다.

끝으로 예수님은 자신을 따르는 자들에게, 그들이 세상에 매우 중요한 존재라고 말한다. 진리의 소금이고 빛이라는 것이다. 그들에게 주어진 사명은 인간 본성의 가장 기본이 되는 선한 마음, 다시 말해 '굿 하트'를 삶 속에서 실천하는 일이다.

평등심
| 마가복음 3장 31절-35절 |

그때 예수의 어머니와 동생들이 와서, 밖에 서서 사람을 보내어 예수를 부르니, 무리가 예수를 둘러싸고 앉아 있다가 말했다. "보소서, 당신의 어머니와 동생들이 밖에서 찾나이다." 그러자 예수께서 대답하시되 "누가 내 어머니며 동생들이냐." 하시고는 둘러앉은 자들을 둘러보시며 말씀하시기를 "내 어머니와 내 동생들을 보라. 누구든지 하느님의 뜻대로 행하는 자는 내 형제요, 자매요, 어머니라."

마가복음은 복음서 중에서도 길이가 가장 짧다. 성 베드로의 제자가 이것을 썼다고 전해진다. 성 베드로는 예수님의 핵심적인 열두 제자, 곧 사도들 중에서도 지도자 격이었다. 마가복음은 사복음서 중에서 가장 일찍 기록된 복음서로, 그 연대가 서기 65년경까지 거슬러 올라간다. 아마도 이 작품은 로마에서 유대인이 아닌 사람들 중에서 새로이 그리스도교를 받아들이게 된 자들을 위해 쓰여졌을 것이다. 로마는 성 베드로가 처형된 곳이다.

복음서의 저자 마가는 천국에 대한 예수님의 가르침 덕분에 세상에 새 시대가 왔다고 믿는다. 하느님의 나라는 단순히 교리적인 가르침이 아니며, 예수님이 스스로 제자들에게 보여 준 존재의 신비 혹은 비밀과 관계가 있다.

그러므로 예수님의 사명은 무엇보다도 자기 존재의 가장 깊은 비밀을 밝혀 주는 데 있다. 예수님은 가르침을 통해서, 또한 제자들과의 관계를 통해서 그것을 시도했다. 그런데 이 복음서에서는 제자들이 종종 예수님의 가르침을 이해하지 못하는 모습을 볼 수 있다.

이 구절 앞에는 예수님이 열두 명의 핵심 제자들을 뽑아서 하느님의 나라를 사람들에게 알리기 위해 그들을 멀리 떠나보내는 이야기가 나온다. 예수님은 집으로 돌아오지만, 가족들은 예수님이 미쳤다고 생각한다. 군중에게 처음 설교를 시작할 때부터 예수님은 종교계의 실권을 가진 바리새인들을 화나게 만들었다. 왜냐하면 예수님은 누구로부터 물려받은 것도 아닌 강력한 권위를 갖고 바리새인들의 위선을 공격했기 때문이다. 바리새인들을 비롯해 많은 사람들은 예수가 악령에 사로잡혔다고 비난했다.

군중을 가르치던 중에 예수님은 어머니와 가족이 자신을 보러 왔다는 말을 듣는다. 아마도 그들이 곧바로 예수님 앞으로 나아오지 않은 것은 예수님이 하는 일을 인정하지 않거나 두려워했기 때문일 것이다. 여기서 예수님이 보인 반응은 가족으로서의 그들을 거부한 것이 아니고, 자신의 가르침과 사명에 대한 가족들의 오해를 거부한 것이다.

예수님은 혈연으로 맺어진 끈 대신 자신처럼 '하느님의 뜻을 행하는' 사람들을 하나로 연결하는 끈을 받아들인다. 우리는 여기서 다시 한 번 '하느님의 자녀'가 신성을 공유한다는 사상을 발견할 수 있다.

'하느님의 나라'는 우리들 각자에게 근본적인 요구를 한다. '하느님의 자식'이 된다는 것은 모든 인간관계가 하느님과의 관계에 달려 있음을 깨닫는다는 뜻이다. 그리스도교인은 이런 하느님과의 관계를 예수님과의 관계 속에서 이해할 수 있다. 하느님은 알 수도 없고 볼 수도 없지만, 우리들과 하느님의 관계는 우리들 서로의 관계를 통해 드러난다. 그러므로 우리는 부활한 예수님과 관계를 맺음으로써 우리들 서로가 보다 완전한 관계를 맺을 수 있다. 교회를 '그리스도의 몸'으로 보는 사상이 바로 여기서 시작되었다. 그리스도의 몸이란 예수님을 따르는 모든 제자들의 완전한 조화이며, 또한 우주 전체의 완전한 조화이기도 하다. 예수님은 보편적인 로고스(우주의 이치)이기 때문이다.

이 구절에서 예수님의 어머니 마리아가 처음으로 등장한다. 가톨릭 신자들은 특별히 마리아를 존경하는 강한 전통을 갖고 있다. 마리아는 신적인 존재가 아니라, 비할 데 없이 고결한 성품으로 하느님을 섬긴 역사 속의 인물이다. 많은 그리스도교인들에게 마리아는 아직도 계속해서 사랑을 가르치고 있다. 고통받는 인간에 대한 끝없는 자비심에서 그분은 사람들을 당신의 아들인 그리스도의 몸으로 인도한다.

하느님의 나라

| 마가복음 4장 26절–34절 |

예수께서 말씀하시기를 "하느님의 나라는 사람이 씨를 땅에 뿌림과 같으니, 그가 밤에 자고 아침에 일어나는 중에 씨가 나서 자라느니라. 하지만 그는 어떻게 그렇게 되는지 알지 못하느니라. 땅이 스스로 열매를 맺되 처음에는 싹이요 다음에는 이삭이요 그다음에는 이삭에 충실한 곡식이라. 열매가 익으면 곧 낫을 대나니 이는 추수 때가 이르렀음이라."

또 말씀하시기를 "우리가 하느님의 나라를 어떻게 설명하며 또 무슨 비유로 나타낼 것인가? 하느님의 나라는 겨자씨 한 알과 같으니 땅에 심어질 때에는 땅 위의 모든 씨앗보다 작지만, 심은 후에는 자라서 모든 나무보다 커지며 큰 가지를 내니 공중의 새들이 그 그늘에 깃들일 만큼 되느니라."

예수께서 이런 많은 비유로 그들이 알아들을 수 있는 대로 가르침을 주시되, 비유가 아니면 말씀하지 아니하시고 다만 혼자 계실 때 그 제자들에게 모든 것을 설명하시더라.

예수님은 일상생활에서 흔히 볼 수 있는 단순한 비유와 이야기를 통해 가르쳤다. 하느님의 나라를 설명하기 위해 예수님은 여기서 두 가지 비유를 들고 있다. 하느님의 나라는 예수님의 가르침 중에서도 핵심이 되는 사상이다. 따라서 이 구절은 우리에게 두 가지를 던져 준다. 하나는 비유와 우화를 들어 영적인 가르

214

침을 펴는 예수님의 독특한 방식이고, 또 하나는 그 가르침 속에 있는 하느님 나라의 의미이다.

일찍이 예수님은 제자들에게 이렇게 말했다. 대중들에게는 비유를 통해 가르침을 주겠지만, 제자들에게는 '하느님 나라의 비밀을 전해 주겠다'고. 예수님은 누구를 막론하고 가르침을 주었지만, 그것을 듣는 사람들의 반응과 이해에는 차이가 있었다. 예수님은 사람마다 다른 이해 능력을 존중했다. 그러나 그리스도교의 가르침은 모든 사람이 똑같이 신성한 존재가 될 씨앗을 가지고 있으며, 하느님의 은혜로운 일에 참여하려고만 하면 누구라도 신성한 존재로 꽃피어날 수 있다고 강조한다.

하느님의 나라가 보다 생생한 의미로 다가오려면 그것을 하느님의 '통치' 혹은 '권력'으로 번역하는 것이 더 좋을 것이다. 하느님의 나라는 존 메인 신부가 말했듯이 장소가 아니라 경험이다. 예수님은 하느님의 나라는 많이 배우고 똑똑한 사람들이 아니라 겸허하고 단순한 사람들에게 그 모습을 드러낸다고 말했다.

생의 마지막 순간에 이르러 예수님은, 만약 네가 왕이라면 왕의 힘을 이용해 죽음에서 스스로를 구해 보라는 도전을 받았다. 그러자 예수님은 자신이 왕이지만 그가 다스리는 나라는 '이 세상에 있는 것이 아니다'라고 말했다.

하느님의 나라는 예수님의 가르침과 그것을 듣는 자들의 상호작용을 통해 드러난다. 진리를 '밝히는' 행동 그 자체가 '하느님의 말씀'이 작용한 결과이다.

하느님의 나라에 대한 비유에서, 예수님은 그 의미를 역설적으로 설명한다. 땅에 떨어진 씨앗처럼 자신이 죽어야만 수확을 할 수 있다는 것이다. 또한 여기서 든 두 가지 비유는 자연의 성장 과정을 예로 들어 하느님의 나라가 실현되는 방식을 설명하고 있다. 따라서 우리는 그것이 평생이 걸리는 과정임을 알 수 있다.

첫 번째 비유에서 예수님은 사람의 내면에서 하느님의 나라가 하루하루 커져 가고 있지만 그 사람은 그것을 깨닫지 못하고 있다고 말한다. 그러다가 수확의 때에 이른다. 예수님은 '사람들이 그 생을 충분히 살 수 있게 하려고' 자신이 이 세상에 왔다고 말했다. 그러므로 하느님의 나라는 인간으로서 충분한 생을 사는 일이며, 그것은 곧 하느님의 본질과 완전히 하나가 되는 것을 의미한다.

두 번째 비유는 충분한 생을 사는 것이 결코 개인적이고 이기적인 경험이 아님을 보여 준다. 물론 그 경험은 처음에는 개인의 자기중심적인 한계 속에서 소박하게 시작되지만, 차츰 그 한계를 뛰어넘어 세상과 타인을 향해 무한히 열려 있게 된다.

왕과 하느님의 나라라는 상징은 세속적인 힘을 연상시킨다. 하지만 하느님은 무력이나 폭력 대신 사랑의 힘을 사용한다고 예수님은 강조한다. 그러므로 신약성서에 표현된 하느님의 나라의 특성은 '사랑, 기쁨, 평화, 인내, 친절, 선함, 온화함, 성실, 자기 절제'이다.

모습의 변화

| 누가복음 9장 28절-36절 |

이 말씀을 하신 후 팔 일쯤 되어 예수께서 베드로와 요한과 야고보를 데리고 기도하시러 산에 올라가셨다. 기도하실 때 얼굴이 변하셨고, 그 옷은 희어져 광채가 나더라. 문득 예수와 함께 말하는 두 사람이 있었으니, 이는 모세와 엘리야였다. 그들은 영광 가운데 나타나 장차 예수께서 예루살렘에서 돌아가실 운명이라고 말했다. 그러는 동안 베드로와 그의 동료들은 깊이 잠들었다가 깨어나 예수의 영광과 함께 서 있는 두 사람을 보았다.

두 사람이 떠날 때 베드로가 예수께 여쭈었다. "주여 우리는 여기 있는 것이 정말 좋습니다! 오두막 세 채를 짓되 하나는 주를 위해, 하나는 모세를 위해, 하나는 엘리야를 위해 짓는 게 어떨까요?" 하지만 그는 자신이 하는 말을 자기도 알지 못하더라.

이 말이 떨어지는 순간 구름이 와서 그들을 덮으니, 구름 속으로 들어갈 때 그들은 무서워하였는데, 구름 속에서 소리가 들렸다. "이자는 나의 아들 내가 선택한 자이다. 그러니 너희는 그의 말을 들으라." 소리가 그치자 오직 예수만 보이시더라. 제자들은 침묵하였고, 자신이 본 것을 그 당시에는 아무에게도 말하지 않았더라.

누가복음에 실린 이 이야기에 앞서 예수님은 오천 명의 배고픈 군중을 먹이는 기적을 보였다. 그러고는 누가 제자가 될 자격이 있는지 단호하게 말했다.

"나를 따르려는 사람은 누구든 자신을 버려야 한다. 생명을 얻으려는 사람은 누구든 자기 자신을 버리지 않으면 안 된다."

이 말씀은 그다음에 이어지는 구절들을 더 잘 이해할 수 있게 해 준다. 그 구절들에서 우리는 예수님의 내면에 숨겨진 빛이 독특하게 드러나는 것을 목격하게 된다. 그 빛은 마음과 물질, 몸과 정신 모두로부터 비쳐 나온다.

이 구절은 매우 신비적이다. 이 구절은 어디까지나 실제 사건에 근거를 둔 것이고 신약성서의 다른 곳에서도 이 사건에 대해 언급하고 있다. 하지만 그 묘사가 너무도 상징적이다. 중요한 상징 한 가지는 예수님이 모습이 변해 있을 동안 모세와 엘리야와 대화를 나누는 것이다.

모세는 유대교의 토라 율법을 전한 사람이고, 엘리야는 유대인 예언자 중에서 가장 위대한 인물이다. 이 두 사람은 함께 유대교 신앙을 떠받치고 있는 거대한 두 기둥이다. 다시 말해 유대교 신앙은 '율법'과 '예언'을 통해 하느님의 의사를 전달받는 종교이다. 따라서 이 두 사람과 만났다는 것은 예수님이 유대교 전통과 밀접하게 관련되어 있지만, 동시에 유대교를 완성한 분이라는 의미를 담고 있다.

물론 예수님은 문화와 종교에서는 유대인이었다. 하지만 예수님 자신이 하느님을 체험하면서, 예수님은 하나의 개인을 넘어선 존재가 되었으며, 자신의 문화적 배경도 초월했다. 이 구절에는 더 깊은 상징이 숨어 있다. 우리는 이 구절을 통해 예수님의 깨달음이 어떤 성질의 것인가를 알 수 있다. 첫째로 이 환영 속에서 예수님은 자신에게 임박한 죽음에 대해, 그리고 예루살렘에서 완성하게 될 자신의 운명에 대해 모세와 엘리야와 이야기를 나눈다. 물론 예수님의 운명은 십자가에 못 박히는 것과 부활이다. 이것은 예수님의 깨달음이 고통을 통해 완성됨을 의미한다.

하지만 예수님이 잔혹한 죽음을 겪음으로써 완성을 이루었다고 해서 우리 역시 그런 고통을 겪어야만 구원받는다고 생각할 필요는 없다. 오히려 예수님이 십자가에서 죽으신 의미는 이런 것이다. 성스러운 사랑은 사람들에게 자신을 전하기 위해 무엇이든지 희생할 수 있다는 것이다. 그러므로 십자가는 실제로는 사랑을 상징하고, 존재의 변화를 가져다주는 수단이다. 따라서 그 고통에는 죄를 사한다는 긍정적인 의미가 담겨 있다.

예수님의 모습이 변했을 때 그곳에 함께 있던 제자들은 예수님의 가장 가까운 제자들이었다. 하지만 다른 구절에서와 마찬가지로 여기서도 그들이 아직 예수님을 완전히 이해하지 못한 것을 볼 수 있다. 예수님이 부활 후에 나타나 제자들에게 자신의 성령을 불어넣은 뒤에야 제자들은 예수님을 완전히 이해할 수 있었다고 성경은 기록하고 있다. 당시 제자들이 예수님의 뜻을 완전히 이해할 능력이 부족했기 때문에 예수님은 그들에게 본 것을 말하지 말라고 지시한 것이다.

이 일화에는 심오한 상징이 한 가지 담겨 있다. 그것은 '구름' 속으로부터 하느님의 음성이 들린 것이다. 그 구름 속 음성은 예수님이 자신의 아들이고, 자신이 선택한 자이며, 모두가 그의 말에 귀를 기울여야 한다고 말한다. 이것은 시간과 공간을 초월한 신비이다. 예수님의 죽음을 전후해 일어난 일들도 어떤 의미에서는 이것과 같은 현상이라고 생각할 수 있다.

구름은 하느님의 신비를 나타내기 위해 성경에서 주로 쓰는 상징이다. 하느님은 스스로 모습을 나타내는 경우에도 언제나 알 수 없는 신비의 존재로 남아 있다. 이 알 수 없는 하느님의 존재는 오직 사랑을 통해서만 알 수 있다. 이것이 모든 그리스도교 신비주의의 핵심이다.

전도
| 누가복음 9장 1절-6절 |

예수께서 열두 제자를 불러 모으사 그들에게 모든 귀신을 물리치며 병을 고치는 능력과 권세를 주시고, 하느님의 나라를 전파하며 앓는 자를 고치게 하려고 그들을 내어 보내셨다.

그리고 그들에게 이르시되 "여행을 떠날 때는 아무것도 가져가지 말라. 지팡이나 주머니, 양식이나 돈을 가져가지 말라. 또한 너희는 옷을 여벌로 가져가지 말라. 어느 집에 들어가든지 거기서 머물다가 곧이어 거기서 떠나라. 누구든지 너희를 영접하지 아니하거든 그 동네에서 떠날 때 그들에게 하는 경고로서 너희 발에서 먼지를 털어 버려라."

그러자 제자들이 나아가 각 마을을 두루 돌아다니면서 곳곳에 복음을 전하며 병을 고치더라.

누가복음은 로마가 예루살렘을 파괴한 후에 쓰여진 것으로 짐작된다. 서기 70년경의 일이다. 누가는 의사이며, 사도 바울의 젊은 제자였다고 전한다. 그는 누가 뭐래도 네 명의 복음서 저자 중에서 가장 학문이 깊은 사람이었다. 누가는 복음서 서두에서 예수님에 대해 역사적인 사실들을 얻기 위해 스스로 많은 연구를 했다고 밝히고 있다.

이 구절은 예수님이 행하신 많은 기적 중에서 몇 가지 사건을 말하는 중에 나온다. 하지만 누가가 특별히 강조한 것은 예수님이 죽음을 전후해 자신의 사명과 메시지를 전하도록 제자들에게 능력을 준 방법이다. 예수님은 열두 사도를 모아, 그들에게 '힘과 권위'를 준다. 이것들은 예수님이 본래부터 갖고 있는 능력이기 때문에 다른 사람에게도 전해 줄 수 있다. 이 힘은 특히 악마를 물리치고 병을 치료하는 것과 관계가 있다.

하지만 이렇게 힘을 전수하는 것은 무엇보다도 하느님의 나라를 선포하기 위한 것이다. 기적은 자신이 가진 능력을 보여 주고 의사를 전달하는 강력한 수단이지만, 기적을 통해 진정으로 알리고자 하는 것은 하느님의 나라이다. 기적을 통해 사람들로 하여금 하느님의 나라를 직접 체험하게 하려는 것이다. 기적은 하느님의 나라가 사람들 안에 있고, 바로 곁에 있음을 보여 준다. 마가복음에서 예수님은 자신이 행한 기적을 선전하고 다니지 말라고 사람들에게 말하고 있다.

한번은 사람들이 예수님에게 하느님의 나라가 언제 오느냐고 물었다. 사람들은 하느님의 나라가 외부에서 일어나는 어떤 사건이나 상태일 것이라고 상상했다. 하지만 그들의 기대와는 달리 예수님의 대답은 다음과 같았다.

"너희는 하느님의 나라가 오는 것을 볼 수 없다. 왜냐하면 하늘나라는 사실 너희 안에 있기 때문이다."

예수님이 돌아가신 후에 그 성령이 제자들 위로 내려와, 구원에 대한 모든 신비와 예수님의 진정한 본질을 사람들에게 설교하는 능력이 제자들에게 주어졌다. 하지만 예수님이 살아 있는 동안에 제자들이 사람들에게 전한 말씀은 하느님의 나라가 임박했다는 것이었다.

하느님의 나라를 전파하는 일은 병을 치료하는 일과 깊은 관계가 있다. 이것은 그리스도교의 중요한 주제이다. 하느님의 나라는 개인에게만 관련된 추상적인 개념이 아니다. 인간 존재가 하느님에 맞서 세워 놓은 모든 방어물 중에서 가장 취약한 곳이 인간이 겪지 않으면 안 되는 '고통'이다. 그러므로 병을 치료하는 것은 우리들의 가장 깊은 부분, 종종 가장 깊이 숨겨진 부분과 이야기를 하는 것이다. 병의 치유를 통해 인간의 가장 평범한 생활 속에 하느님의 나라가 실현될 수 있다.

고통은 예수님에게도 우리들에게도 자비의 마음을 불러일으킨다. 물론 오직 육체적인 병을 치료하는 일에만 초점을 둔다면 인간 존재를 온전히 치유하는 일을 무시하기 쉽다. 하느님의 나라가 의미하는 것은 오로지 인간 존재의 온전한 치료이다.

제자들이 복음을 전하러 떠날 때 예수님은 그들에게 특별한 삶의 자세와 생활 방식을 지시한다. 바로 하느님에게 완전히 의지하는 자세이다. 그밖에는 어떤 것에도 의지하지 말아야 한다. 자신의 사명에 성공하든 실패하든 거기에 집착하지 말아야 한다. 만약 그들이 전하는 말을 사람들이 거부하면, 그들은 '그들의 발에서 먼지를 털고' 다른 곳으로 가야만 한다.

예수님의 제자가 살아가는 모습은 물질적으로 가난하고 철저하게 소박하다. 이것은 말 그대로 수도승의 삶을 설명하고 있는 것이지만, 진정한 영적인 탐구자 혹은 영적인 제자라면 마땅히 걸어가야 할 길을 상징적으로 보여 주고 있다. 특히 남을 가르치는 사람이라면 그 생활 자체로 이미 남을 일깨울 수 있어야 함을 이 구절은 말하고 있다.

신앙
| 요한복음 12장 44절-50절 |

예수께서 소리쳐 말씀하시기를 "나를 믿는 것은 나를 믿는 것이 아니라 나를 보내신 이를 믿는 것이며, 나를 보는 자는 나를 보내신 이를 보는 것이니라. 나는 빛으로 세상에 왔나니, 이는 나를 믿는 자가 어둠에 머물지 않게 하려 함이라. 사람이 내 말을 듣고 지키지 아니할지라도 나는 그를 심판하지 않으리라. 그것은 내가 세상을 심판하러 온 것이 아니라 세상을 구원하러 왔기 때문이다. 나를 저버리고 내 말을 받아들이지 않는 자를 심판할 이가 있으니, 곧 내가 한 그 말이 마지막 날에 그를 심판하리라. 내가 내 자의로 말한 것이 아니라, 나를 보내신 아버지께서 내가 말할 것

과 어떻게 말할지를 친히 명령하여 주셨으니, 나는 그의 명령이 영원한 생명인 줄 아노라. 그러므로 내 아버지께서 내게 말씀하신 것을 나는 말하는 것이니라."

요한복음은 예수님의 '사랑하는 제자'가 썼다고 전해진다. 요한복음은 예수님을 하느님의 로고스(그리스어로 말씀 혹은 지혜)로 설명한다. 예수님의 생애와 가르침은 보편적인 지혜의 관점에서 바라봐야만 한다. 그렇게 할 때 그분의 생애는 모든 세부적인 사건들까지 상징적인 의미를 갖는다.

초기 그리스도교에서는 예수님을 하느님으로 부르지 않았다. 그것은 나중에 그렇게 된 것이다. 하지만 성 요한은 예수님과 하느님의 가까운 관계에 대해 말하고 있다. 예수님과 하느님은 아들과 아버지의 특별한 관계라는 것이다.

이 구절은 요한복음에 실린 예수님의 많은 말씀을 요약해서 보여 준다. 이 구절을 통해 우리는 예수님에 대한 초기 그리스도교인들의 생각뿐 아니라 예수님의 목소리를 직접 들을 수 있다.

예수님은 자기 의식의 중심을 언제나 아버지 하느님에게 둔다. 따라서 사람들이 예수님을 믿는다면, 그들은 사실 예수님만을 믿는 것이 아니라 하느님을 믿는 것이다. 예수님은 아버지가 자신을 세상에 보냈다고 말한다. 이것은 예수님의 삶이 어떤 사명을 띠고 있다는 의미이다. 예수님을 보는 것은 그분을 보낸 아버지를 보는 것이다. 예수님과 아버지 하느님의 관계는 깨어질 수 없다. 즉 '불이'의 관계이다('불이'는 글자 그대로 '둘이 아님'을 뜻하며, 이원론을 부정하는 힌두교의 교리이다. 예를 들어 신과 이 세상은 하나가 아니지만 둘도 아니다).

예수님은 스스로를 어둠을 몰아내기 위해 세상에 온 빛으로 설명한다. 따라서 예수님에 대한 '신앙'은 단지 교리로서 믿는 것 이상을 의미한다. 그것은 예수님과 개인적인 관계를 맺는 일이며, 예수님이 전하는 진리와 관계를 맺는 일이다. 이 관계 자체가 인간의 마음에서 무지와 두려움이라는 어둠을 걷어내는 깨달음의 과정이다. 신앙이란 호도스(hodos), 즉 그리스도교인의 '삶의 방식'이다.

한번은 예수님이 이렇게 말했다. "아버지와 나는 하나이다." 또 "아버지는 나보다 위대하다."고 말하기도 했다. 이것은 예수님과 아버지의 관계에서 볼 수 있는 두 가지 모습이다. 물론 예수님의 아버지는 우리의 아버지이기도 하다.

지난 수세기 동안 그리스도교 사상가들은 인간을 구원하고 변화시키고 완성에 이르게 하는 이 관계를 설명하려고 삼위일체의 교리를 발전시켰다. '아버지'는 존재의 근원이며, 우리는 이 하느님을 볼 수 없고 알 수 없다. 예수님의 육체를 가진 '아들'은 아버지의 사랑을 받는다. 그리고 두 분 사이의 사랑이 삼위일체의 세 번째에 해당하는 '성령'이다. 예수님은 자신을 이 세상에서 더 이상 볼 수 없을 때, 다시 말해 십자가에서 죽고 부활하고 마지막으로 아버지에게로 돌아간 뒤에는 이 세상에 성령을 보낼 것을 약속했다.

예수님은 이 구절에서 세상을 심판하지 않겠다고 분명히 말한다. 만약 누군가 그의 진리를 거부한다면, 그 자체가 이미 심판을 받은 것이다. 왜냐하면 예수님이 말씀하시는 모든 것 속에는 하느님 아버지의 진리가 담겨 있기 때문이다.

예수님은 아버지의 명령은 '영원한 생명'이라고 말한다. 예수님은 또한 사람들이 충분한 삶을 누리게 하려고 자신이 이 세상에 왔다고도 말한다. 영원한 생명은 단지 무한히 존재한다는 의미가 아니다. 그것은 인간이 의식의 씨앗을 완전하게 꽃피우는 것을 의미한다. 예수님이 강조한 유일한 명령은 서로 사랑하라는 것이었다. 그러므로 완성된 의식이라는 것은 인간이 자신의 전 존재를 다해 사랑하는 일이다.

사랑은 하느님의 본성이다. 하느님 아버지는 아들인 예수님을 사랑하며, 이 사랑이 곧 성령이다. 모든 인간 존재에게 주어진 사명은 '사랑'이라는 이 하느님의 본성을 완전하게 꽃피우고, 처음에 인용한 마태복음의 구절에서 본 것처럼 자기 자신이 사랑을 통해 비로소 신성한 존재가 되는 일이다. 그래서 하느님이 우리를 사랑하시는 것처럼 우리 또한 무조건적으로 모든 존재를 사랑할 수 있어야 한다.

부활

| 요한복음 20장 10절-18절 |

그래서 두 제자가 자기 집으로 돌아가더라. 하지만 마리아는 무덤 밖에 서서 울고 있더라. 그녀가 울면서 몸을 구부려 무덤 속을

눈여겨보니 예수의 시체를 뉘었던 곳에 흰 옷을 입은 두 천사가 하나는 머리 쪽에, 하나는 발 쪽에 앉았더라.

천사들이 마리아에게 말했다. "여자여, 어찌하여 우느냐?" 마리아가 대답하기를 "사람들이 내 주를 데려갔는데, 그들이 주를 어디에 두었는지 내가 알지 못하나이다." 이 말을 하면서 마리아는 고개를 돌려 예수가 그곳에 서 계신 것을 보았으나 예수인 줄 알지 못하더라.

예수께서 마리아에게 물으시기를 "여자여, 어찌하여 울며 누구를 찾느냐?" 하시니 마리아는 그가 동산지기인 줄 알고 말하되 "주를 옮긴 사람이 당신이라면, 어디에 두었는지 내게 말해 주시오. 그러면 내가 가져가리다."

예수께서 "마리아야!" 하시니, 마리아가 돌아보며 "랍오니여!" 하고 외쳤다(이는 히브리말로 선생님이라). 예수께서 이르시되 "나를 만지지 말라. 내가 아직 아버지께로 올라가지 못하였노라. 너는 내 형제들에게로 가서 이르되, 내가 내 아버지 곧 너희 아버지, 내 하느님 곧 너희 하느님께로 올라간다 말하라."

막달라 마리아는 이런 소식을 갖고 제자들에게로 가서 "내가 주님을 보았습니다!" 하고 또 주께서 하신 말씀을 전하였다.

예수님의 부활은 그리스도교 신앙의 기초이다. 부활의 실제 순간을 묘사하고 있는 복음서는 없지만, 각 복음서는 예수님이 죽은 후에 육체를 가진 모습으로 제자들 앞에 나타난 사건을 전하고 있다. 네 개의 복음서는 이 부활을 경험한 입장에서 앞으로 거슬러 올라가 예수님의 생애를 기록한 것이다.

　네 복음서 모두, 예수님은 죽은 후에 맨 먼저 여자들 앞에 나타난다. 이 요한복음 구절에서 예수님은 가까운 제자인 막달라 마리아에게 최초로 모습을 드러낸다. 복음서 앞부분에 적힌 내용에 따르면 막달라 마리아는 창녀였다가 마음을 고친 여자이다. 예수님 자신이 '사흘 뒤에' 부활하리라는 것을 예언했음에도 불구하고, 부활한 예수님과 처음 만난 제자들은 큰 혼란과 오해에 휩싸였고 심지어 완전히 불신에 빠지는 사람도 있었다. 3일은 성경에서 시간의 한 주기를 상징한다.

　막달라 마리아는 빈 무덤을 들여다보다가 두 명의 '천사'를 발견한다. 그리스어로 천사(angelos)는 '메시지를 전달하는 사람'을 뜻한다. 막달라 마리아는 그들이 천사라는 것을 알지 못한다. 그들이 왜 울고 있느냐고 묻자, 그녀는 예수님의 시신이 어디에 있느냐고 되묻는다. 그러고 나서 그녀는 고개를 돌려 옆에 있는 예수님을 본다. 예수님 또한 그녀에게 왜 울고 있는지 묻는다. 그녀는 그를 동산을 지키는 자로 여기고, 그에게 예수님의 시신을 놓아둔 곳을 알려 달라고 부탁한다. 그러자 예수님은 그녀의 이름을 부른다. 그 순간 그녀는 마음의 문이 열려 예수님을 알아보고 '주여!' 하고 부른다.

　마리아의 이름을 부른 것은 요한복음의 앞부분에 나오는 구절을 떠오르게 한다. 그곳에서 예수님은 양들의 이름을 하나하나 부르는 좋은 양치기와 자신을 비교한다. 성경의 전통에서는 사람의 이름은 그 사람의 진정한 자아를 나타낸다. 부활한 예수님을

228

알기 위해서는 먼저 자신의 진정한 자아를 아는 것이 필수라는 의미가 이 구절에는 담겨 있다.

예수님은 마리아에게 자신에게 다가오지 말라고 말한다. 왜냐하면 예수님이 아직 아버지에게로 올라가지 않았기 때문이다. 예수님과 이전에 맺었던 인간적인 관계는 끝이 났다. 삶의 마지막 단계에서 예수님은 자신의 근원으로 다시 돌아가야만 한다. 승천은 부활 후 40일이라는 상징적인 기간 동안에 일어났다. 하지만 예수님은 세상이 끝날 때까지 제자들과 함께 남아 있겠다고 약속했다. 오늘날 그리스도교인들은 예수님이 '그곳'에 있으며 동시에 '이곳'에도 있다고 이해한다.

예수님은 마리아에게 '내 아버지와 너의 아버지, 내 하느님과 너의 하느님'에게로 올라갈 것이라고 말한다. 이것은 예수님이 죽기 바로 전에 제자들에게 한 말을 떠오르게 한다. 예수님은 제자들을 자신의 종이 아니라 친구로 생각한다고 말했다. 왜냐하면 아버지로부터 배운 모든 것을 그들과 나누었기 때문이다. 따라서 그리스도교인들은 영광스러운 예수님의 존재와 하나가 됨으로써 예수님이 '아버지'와 맺고 있는 특별한 관계에 참여할 수 있으며, 우리 역시 '하느님의 본성'을 공유할 수 있다고 믿는다.

예수님의 탄생과 삶, 죽음과 부활, 그리고 승천의 결과로 인간의 본성에는 존재론적인 변화가 일어났다. 하지만 우리 모두가 자신의 삶을 통해 예수님의 경험을 우리 자신의 것으로 받아들이지 않으면 안 된다. 그렇게 할 때 비로소 우리들 각자에게도 그런 변화가 일어날 수 있다.

교리적이고 철학적인 의미로 볼 때 부활의 중요성은 예수님의 '유일성'을 보여 주는 데 있다. 그러나 유일하다는 것을 배타적인 것과 혼동해서는 안 된다. 예수님이 유일무이한 존재라고 해서 다른 방식으로는 진리를 밝힐 수 없다는 뜻은 아니다.

그리스도교인들은 하느님이 인간의 모습으로 자신을 완전히 드러낸 것이 예수님이라고 믿는다. 이것은 모든 인간의 참된 본질이 무엇인가를 일깨워 준다. 모든 인간 역시 예수님과 마찬가지로 무형의 하느님이 형태를 갖고 이 세상에 나타난 것이며, 누구나 예수님처럼 자신의 생명력을 완전하게 꽃피울 가능성과 하느님과 하나가 될 가능성을 갖고 있다.

하지만 여기 부활이 중요한 의미를 갖는 또 다른 이유가 있다. 부활은 인간이 가장 두려워하는 죽음이 환상에 불과하다는 것을 보여 준다. 죽음은 삶의 끝이 아니라, 삶의 완성으로 들어가는 마지막 문이다. 그리고 삶의 완성은 하느님의 존재와 하나가 되는 일이다.

불교는 무엇인가
— 둡텐 징빠

달라이 라마의 '선한 마음' 세미나는 나에게 많은 의미를 가져다
준 인상 깊은 경험이었다. 지금도 나는 세미나 기간 동안 강의실
안에 깃들어 있던 고요하고 따뜻한 분위기를 떠올리고는 나도 모
르게 행복해진다. 돌이켜 보면, 내가 세미나 전 과정에 참여하는
동안 줄곧 어떤 보이지 않는 정신이 나를 인도했던 것 같다. 아직
도 내 기억에 생생하게 남아 있는 것은 세미나 참석자들과 함께
느낄 수 있었던 의식의 투명성과 일체감이다. 달라이 라마의 통
역자라는 보잘 것 없는 능력 덕분에 나는 개인적으로 더 깊이 이
모임에 관계할 수 있었다. 그리고 그 결과 나 자신의 경험 역시 깊
어질 수 있었다.

불교와 그리스도교의 대화에 참석한 두 주인공 달라이 라마
와 로렌스 신부 사이에 자연스럽게 생겨난 따뜻한 마음이 모임의
전체 분위기를 이끌어 주었다. 그것 때문에 모든 모임이 처음부
터 끝까지 진지함과 따뜻함을 잃지 않았는지도 모른다.

새삼 말할 필요도 없이 이 대화는 역사적인 사건이었다. 역
사상 처음으로 그리스도교 밖에 있는 다른 종교의 지도자가 신성
한 그리스도교 복음서를 공개적으로 가르치고 강의한 것이다. 달
라이 라마가 사복음서에 대해 말하는 것을 듣는 것은 실로 감동

적인 일이었다. 달라이 라마가 자신의 목소리와 말투를 티베트 경전이 아닌 다른 경전의 단어와 내용에 훌륭하게 일치시키는 것을 보면서, 나는 그분이 마치 그곳에 모인 사람들에게 완전히 새로운 경전을 가르치는 것 같은 느낌을 받았다. 실로 청중들 모두에게 영적인 순간이었다. 나뿐만 아니라 그곳에 모인 많은 사람들이 존재 깊은 곳에서 그것을 느꼈다.

이렇듯 깊이 있는 영적 체험을 하는 순간, 우리들 모두는 우리가 서로 분리된 존재라는 평소의 생각을 초월할 수 있다. 우리가 이성과 인식의 한계를 뛰어넘는 데 성공하기만 하면, 이데올로기라고 불리는 모든 쓸데없는 사상들은 빛을 잃는다. 이것을 초월적인 종교 체험, 혹은 영적 깨달음 등 무엇으로 부르든 그것은 하나도 중요하지 않다. 무엇보다 중요한 것은 세계의 대표적인 종교들의 신성한 가르침은 한결같이 우리를 그런 깊은 종교적 차원으로 인도할 수 있다는 것이다.

이것이 《선한 마음》이라는 훌륭한 책의 출간을 앞두고, 책 뒤에 간단한 해설을 덧붙이기 위해 책상 앞에 앉으면서 내게 떠오른 생각들이다(이 책의 원제목은 '선한 마음'(Good Heart)이다). 불교에 익숙지 않은 독자들이 달라이 라마의 강의를 보다 깊고 충분히 이해할 수 있도록 큰 줄거리로나마 불교의 길이 무엇인가를 설명할 수 있었으면 하는 것이 내 바람이다.

생각해 보면 사실 이런 해설은 필요하지 않다. '선한 마음'이라는 원제목 자체가 이미 불교가 전하는 핵심 메시지를 담고 있기 때문이다. 불교 사상의 핵심을 말해 달라는 요청을 받을 때마다 달라이 라마 성인은 언제나 간단히 대답한다.

"할 수 있다면 다른 사람을 도와주십시오. 하지만 그렇게 할 수 없다면, 적어도 다른 사람을 해치지는 마십시오."

물론 이것이 부처님 가르침의 핵심이다. 두말할 필요 없이 이 차원에서는 부처님과 예수님의 가르침 사이에 아무 차이가 없다. 두 분 모두 다른 사람에게 자비를 실천하는 것이 곧 구원의 길이라고 가르친다. 또한 두 분 모두 자기중심적인 존재의 좁은 한계를 초월하는 방법을 자세히 설명한다. 그리고 우리들 모두에게 영적인 깨달음의 씨앗이 있음을 역설한다.

하지만 또 다른 의미에서, 그리스도교와 불교 나름의 독특한 점을 이해할 필요가 있다. 다른 것은 제쳐 놓더라도 언어와 상징의 차이, 밑바닥에 깔린 문화와 역사적인 배경의 차이는 실로 크다고 하지 않을 수 없다. 그것들이 두 종교에 차별성을 주고 있다. 우리는 두 종교의 서로 다른 모습 때문에 그 공통된 중심 메시지를 소홀히 해서도 안 되며, 또한 두 종교가 가진 비슷함 때문에 서로의 독특한 점을 무시해서도 안 될 것이다. 달라이 라마의 그리스도교 복음서 강의가 뛰어난 것은 바로 이런 양면을 이해하고 있기 때문이리라.

이제 달라이 라마 자신의 영적인 세계와, 티베트 불교의 세계를 살펴보자. 그러면 그분의 강의를 들으면서 마음속에 떠올랐던 모습들이 더욱 선명해질 것이다.

부처님과 그 가르침

달라이 라마의 종교와 정신은 2천 5백 년 이상 발전을 거듭해 온 부처님의 가르침에 뿌리를 내리고 있다. 불교의 철학적인 훈련을 통해 달라이 라마는 지금의 지성과 지혜를 갖게 되었고, 그것이 그의 세계관의 기본을 이루고 있다. 불교는 배움과 명상을 함께 해야 한다고 강조한다. 이것이 불교가 삶을 바라보는 특별한 방식이다. 그리고 이것은 달라이 라마의 존재론에도 큰 영향을 끼치고 있다.

그러면 도대체 불교란 무엇인가? 물론 우리는 간단하게 말할 수 있다. 불교는 부처님의 종교라고. 하지만 중요한 것은 이렇게 말한다고 해서 '불교'라고 불리는 종교 전통이 하나의 동일한 신앙과 수행 체계를 갖고 있다고 생각해서는 안 된다는 것이다. 그것은 어디까지나 잘못된 생각이다. 세상의 모든 중요한 영적 전통들처럼 불교 역시 오랜 세월을 거치면서 다양한 계통으로 발전을 거듭했다. 그리고 이 모든 계통들은 '부처님의 가르침'이라는 똑같은 깃발을 올리고 있다. 이 모든 학파들의 발전 과정을 거슬러 올라가면 거기에 고타마 붓다의 가르침이 있다. 고타마 붓다는 불타 석가모니로도 알려져 있는데, 이분이 바로 기원전 6세기경에 살았던 이른바 역사 속 부처님이다.

다양한 불교 경전들 중에서 어느 것이 부처님이 진짜로 말씀한 것인지 밝혀내기란 정말 어렵다. 공식적으로 인정된 티베트 불교 경전만 해도 부처님의 말씀이 담긴 두꺼운 책이 무려 백 권이 넘는다.

　　그럼에도 불구하고 부처님의 영적인 메시지 속에 담겨 있는 몇 가지 핵심 사상들을 구별해 내는 일은 가능하다. 부처님은 무엇보다도 고통으로부터 자유로워지는 길을 가르쳤다. 이것은 존재의 본질을 깊이 꿰뚫어보는 일과 관계가 있다. 부처님은 인간 존재가 끝없이 반복되는 불만족스러운 상황에 처해 있다고 보았다. 그리고 이 순환을 끝내는 열쇠는 존재의 진정한 본질을 바르게 이해하는 데 있다고 믿었다. 부처님은 원인, 조건, 결과의 역동적인 관계를 이해하는 것이 영적인 길을 가는 사람에게 가장 중요하다고 생각했다. 원인 없이는 어떤 것도 생겨날 수 없으며, 모든 조건이 갖추어져 어떤 결과가 생겨날 때는 어떤 것으로도 그 결과를 막을 수 없다.

　　부처님에 따르면 고통이 끝없이 반복되는 가장 큰 원인은 '나'라는 관념에 대한 집착이 우리 안에 너무도 깊이 뿌리박혀 있기 때문이다. 이 집착은 좋지 않은 감정을 많이 만들어 낸다. 특히 애착, 미움, 무지가 그것이다. 이것은 정신적, 감정적으로 혼란스러운 삶을 살게 만드는 근본 원인이다. '나'와 가깝다고 생각되는 사람에게는 애착을 보이고, '나'의 행복에 위협이 된다고 보이는 사람을 미워한다. 이것이 우리가 사람들과 관계를 맺는 방식이다. 이런 마음을 가지면 다른 사람은 물론 자신에게도 해가 된다. 자유에 이르는 진정한 길은 이 고정되고 불변하는 '나'라고 하는 것이 실제로는 존재하지 않는다는 것을 꿰뚫어보는 일이다.

그래서 부처님은 당시 모든 종교의 스승들과는 다르게 무아의 길을 가르쳤다. 무아의 원리에 따르면 모든 고통의 뿌리는 '나'라고 하는 특정한 개체가 존재한다고 믿는 데 있다. 불변하는 '나'라는 것이 있을 수 없다는 것을 설명하는 수많은 철학적 이론들이 있지만 매우 복잡하고 세세하기 이를 데 없다. 하지만 이 이론들 대부분이 인과에 의해 만들어진 존재는 필연적으로 끝없이 변화하는 상태 속에 있을 수밖에 없다는 점에 초점을 두고 있다. 간단히 말해 원인으로부터 생겨난 것은 무엇이든 영원히 존재할 수 없다는 것이다. 왜냐하면 조건이 갖추어져 그것이 생겨나기 전까지는 그것은 존재하지 않기 때문이다.

우리 또한 원인이 있어서 생겨난 존재들이므로 결코 영원한 존재일 수 없다. 따라서 일시적인 존재에 불과한 우리가 어떤 고정되고 불변하는 자아나 실체를 가질 수는 없다. 비록 우리가 확실한 근거도 없이 이와 정반대되는 믿음을 갖고 있지만 말이다.

지금까지 대충 살펴본 이 원칙은 불교 사상의 요약이라고 할 수 있는 사법인(네 가지 공리) 속에서 설명되고 있다. 사법인은 이것이다. 1) 조건에 의해 생겨나는 모든 것은 덧없고 무상하다. 2) 부정적인 마음 상태에 물든 것은 반드시 고통을 가져온다. 3) 모든 것에는 어떤 고정된 실체나 자아가 없다. 4) 니르바나(열반)가 진정한 평화이다.

똑같은 원칙이 불교 수행 전체의 지침이 되고 있는 사성제(네 가지 고귀한 진리) 속에도 담겨 있다. 1) 고통은 있다. 2) 고통에는 원인이 있다. 3) 고통의 멈춤은 있다. 4) 고통의 중단으로 인도하는 길이 있다. 여기서 첫 번째 진리인 '고통이 있다'는 사물이 영원하지 않다는 생각과 관련이 있다. 우리는 변화를 피할 수 없다는 것을 경험을 통해 안다. 하지만 우리는 이 세계와 우리의 삶 속에 어느 정도 고정되고 불변하는 기준이 있어야 한다고 착각한다. 거기서 많은 고통이 생겨난다.

두 번째 진리인 '고통의 원인'은 부정적인 마음 상태, 곧 '오염된 마음'과 관계가 있다. 그런 마음 상태가 고통 속에서 인생을 살게 만들기 때문이다. 세 번째 진리인 '고통의 멈춤'은 그 자체가 열반이다. 모든 고통이 사라진 평화로운 상태이다. 마지막으로 네 번째 진리인 '열반에 이르는 길'은 무아의 원리와 밀접한 관계가 있다. 모든 불교 수행은 무아를 깨닫는 일에 초점을 맞추고 있다. 무아를 깨달으면 고통을 일으키는 부정적인 마음 상태를 없앨 수 있기 때문이다.

사법인과 사성제가 불교의 생각과 수행을 간단히 설명하고는 있지만, 가장 중요한 요소를 또한 말해야 할 것이다. 바로 대자비의 마음이다. 불교 초기부터 사랑과 자비는 불교 수행에서 가장 중요한 것으로 여겨졌다. 특히 대승불교에서는 자비를 중요한 위치에 올려놓고 있다.

모든 불교인이 앞에서 설명한 교리들을 따르고 있지만, 이 교리들은 수행의 궁극 목표에 대한 질문에는 해답을 열어 놓고 있다. 수행자는 자신의 고통뿐 아니라 다른 사람의 고통을 중단시키기 위해 과연 얼마나 노력해야 하는가?

달라이 라마와 같은 대승불교의 불교인들에게 수행의 목적은 단지 자신의 고통을 중단시키고 개인의 행복을 얻는 것이 아니다. 모든 존재의 고통을 중단시키고, 그들의 끝없는 행복을 지켜 주는 것이다. 오직 완전한 깨달음을 얻은 자만이 이런 목표를 이룰 희망이 있다. 그러므로 대승불교의 불자들은 불성의 완전한 자각인 깨달음을 위해 노력한다.

간단히 설명하면 대승불교의 수행은 개인의 영적 성장을 위한 '완성을 향한 여섯 가지 수행'(육바라밀행)과 다른 사람들의 영적 성장을 위한 '네 가지 방편'으로 이루어져 있다. 육바라밀행은 베풂, 계율을 지킴, 인내, 노력, 명상, 지혜이다. 네 가지 방편은 다른 사람이 급히 필요로 하는 것을 주는 일, 언제나 부드럽게 말하는 일, 다른 사람을 도덕적으로 인도하는 일, 자신의 삶을 통해 이 모든 것을 보여 주는 일이다.

이 완성을 향한 여섯 가지 수행과 네 가지 방편이 합쳐질 때 보살의 이상이 실현된다. 그렇다면 보살의 이상은 무엇인가.

보살의 이상

두말할 필요도 없이, 대승불교 운동을 통해 생겨난 가장 중요한 종교적 개념은 보살의 이상이다. 보살은, 글자상으로는 '깨달음을 얻기 위해 큰 의지를 품은 자'를 뜻하지만, 무한한 용기를 갖고 다른 사람의 이익을 위해 행동하는 자이다.

보살은 자기 자신이 충분히 깨달음을 얻어 해탈에 이를 수 있지만, 그것을 유보하고 타인을 고통으로부터 해방시키겠다는 큰일을 스스로 떠맡은 자이다. 이런 존재가 가진 자비심은 무한하며, 그는 모든 차별적인 생각들을 초월한다. 개인적으로 아는 사이든 모르는 사이든, 보살은 모든 존재의 친구이자 종이며, 영적인 가족이다.

보살의 마음 깊은 곳에서 우러나는 진정한 자비는 예술품을 비롯해 다양한 매체를 통해 표현되고 있다. 티베트 문화에서 이 무한한 자비를 묘사한 것으로 가장 유명한 것이 천수관음보살이다. 전설에 따르면 천수관음보살은 모든 생명 가진 존재를 동정하는 마음이 너무 컸다. 그래서 그는 자신에게 천 개의 팔과 천 개의 눈이 없이는 수많은 생명 가진 존재들의 소망을 제대로 이뤄 줄 수 없다는 것을 알게 되었다. 그는 강한 염원으로 그것을 바란 결과 어느 날 천 개의 팔과 천 개의 눈을 받게 되었다. 오늘날까지도 이 관세음보살의 모습은 대승불교를 따르는 사람들에게 강력한 종교적 상징이 되어 주고 있다.

보살이 다른 사람들에게 갖는 자비를 순전히 감정적인 것으로 생각해서는 안 된다. 그것은 집착에 뿌리를 둔 감정과는 다르다. 자비의 마음을 갖는 것이 자신의 건강과 정신에도 좋은 영향을 주기 때문이라는 어떤 이기적인 동기에서 나오는 것도 아니다. 자비는 다른 사람의 고통을 느끼고, 다른 사람들도 자신처럼 생명 가진 존재라는 것을 깨달음으로써 저절로 생겨나는 감정이다.

다시 말해 자비는 자신이 다른 사람과 하나로 연결되어 있음을 느끼고 그들에게 깊은 공감을 갖는 것이다. 동시에 집착으로 부터는 벗어난 감정이다. 집착도 아니고 무관심도 아니다. 물론 이런 자비심은 내적인 성찰이 바탕이 된 오랜 수행을 통해서 얻어진다.

불교의 길에서 통찰력의 중요성이 바로 여기에 있다. 통찰력은 자비심이라는 배가 가는 길을 안내하는 숙련된 항해사와 같다. 대승불교 경전에 따르면 보살은 자비심 때문에 자신이 깨달음의 세계에 들어가는 것을 피한다. 그리고 통찰력에 의해, 끊임없이 변화하는 존재의 세계를 초월한다. 다시 말해 보살은 비존재의 고독한 평화와, 탄생과 죽음을 계속하는 세계 사이의 가운데 길로 방향을 잡아 나간다.

보살이 나아가는 길의 첫 번째 단계는 '크나큰 동기를 일으키는 일'(큰 발심을 일으키는 일)이다. 크나큰 동기란 무엇인가. 그것은 다른 사람들을 고통으로부터 벗어나게 하기 위해 완전한 깨달음을 얻고야 말겠다는 진실한 서약이다. 이 서약은 모든 생명 가진 존재들을 향한 깊은 자비심과, 나아가 다른 사람을 위해 자신을 바치는 것이 고귀한 행동이라고 굳게 믿는 마음에서 나와야한다.

이런 보살의 확신은 단 한 사람의 소망을 이루기 위해 몇 번이라도 다시 태어날 각오를 할 정도가 되어야 한다. 달라이 라마가 자주 인용하는 기도문 하나가 생각난다. 보살의 정신을 잘 나타내 주는 기도문이다.

공간이 그대로 있는 한

생명 가진 존재들이 남아 있는 한

나 또한 여기에 남아

다른 존재들의 고통을 몰아내게 하소서.

일단 이렇게 발심한 뒤에 보살은 완성을 향한 여섯 가지 수행(육바라밀행)과 네 가지 방편을 실천해야만 한다. 보살은 이 어려운 수행을 자기 인생의 첫째 목표로 삼아야 한다. 보살의 길을 걷는 사람에게는 종교적 수행이 단순히 생활의 일부가 될 수 없다. 수행이 생활 그 자체이다. 그에게는 그것이 삶의 유일한 목적이다.

대승불교의 고전에는 보살의 삶의 방식을 보여 주는 것이 많이 있다. 그중에서도 가장 널리 알려지고 가장 많은 영향을 준 것이 샨티데바의 《입보리행론》이다.

샨티데바는 7세기 인도의 불교 시인으로, 오늘날까지도 대승불교계에서 성인으로 높이 존경받고 있다. 그의 작품은 티베트에서 보살의 이상을 공부하고 수행할 때 반드시 읽어야 하는 표준 경전이 되었다. 현 달라이 라마의 강연에 참석한 적이 있는 사람이라면 그 책이 그분의 사상과 행동에 큰 영향을 주었다는 것을 눈치챘을 것이다. 또한 그 책을 읽은 사람은 달라이 라마가 자유자재로 그 위대한 대승불교의 경전으로부터 인용하고 있음을 알 것이다.

통찰력의 역할

우리는 앞에서 불교에서는 통찰력을 키우는 것이 해탈에 이르는 열쇠라는 것을 보았다. 불교인에게 종교적인 삶이란 완전한 깨달음을 추구하는 삶이다. 우리가 깨달음에 이르지 못하는 이유는 자신의 자아와 실체의 본질에 대해 근본적으로 착각하고 있기 때문이다. 따라서 그것들의 본질을 제대로 이해하는 것은 깨달음의 과정에서 무엇보다도 중요한 일이다. 하지만 단지 아는 것만으로는 충분하지 않다. 사물의 존재 방식에 대한 이해가 그 사람의 삶과 하나가 되어야 한다. 다시 말해 자기 존재의 핵에 영향이 갈 만큼 그 이해가 깊지 않으면 안 된다.

이렇게 자기 존재와 하나가 된 지식을 우리는 '지혜'라고 부른다. 그 지혜는 진정으로 맑고 고요한 마음으로부터 생겨난다. 불교 용어로는 그것을 '지(고요한 마음)와 관(깊고 예리한 통찰)이 합일을 이룬 상태'라고 부른다. 달라이 라마는 '선한 마음' 세미나 서두에서 불교의 이 두 가지 명상법을 '분석적 명상'과 '깊이 몰입하는 명상'으로 설명했다. 깊이 몰입하는 명상은 마음을 한 가지 대상에 완전히 집중하고 몰두하는 것이고, 분석적인 명상은 대상의 본질을 세밀히 조사하는 것이다. 진정한 수행자라면 이 두 가지 명상을 결합해 사물이나 현상을 제대로 인식할 수 있어야 한다.

사물의 존재 방식을 이해하는 문제를 놓고 고대 인도에서는 네 갈래의 불교 철학이 생겨났다. 바이바시카 학파는 영원불변하는 '나'가 존재한다는 것을 부정하는 반면에, 다르마라고 불리는 더 이상 나눌 수 없는 실체의 구성단위가 존재한다는 것은 인정했다.

사우트란티카 학파는 이것을 부정하고, 실체라는 것을 더 이상 나눌 수 없는 객관적인 원자와 시간 단위로 인식했다. 치타마트라 학파는 물질계가 객관적인 근거를 갖고 있다는 생각을 전부 반박하고, 궁극적으로 실재하는 유일한 것은 마음이라고 주장했다.

그리고 마디야마카 학파(중관파)는 이런 생각 모두를 단지 가정에 불과한 것이라고 보고, 실제로는 있지도 않은 것을 '있다'고 생각하는 오류에 빠진 것이라고 여겨 모두 부정했다.

이 중관파에 따르면 모든 사물과 현상의 진정한 본질은 공이다. 다시 말해 모든 사물과 현상은 그 자체의 고유한 존재나 아이덴티티를 갖고 있지 않다. 이 공이야말로 궁극적인 진리이며, 궁극적인 실체이고, 모든 사물과 현상의 근본적인 존재 방식이다. 이 심오한 공성에 대한 통찰이 곧 해탈과 영적인 자유로 들어가는 문을 여는 열쇠이다.

티베트 불교는 이 중관파가 불교 철학 사상의 정점에 올라서 있으며, 부처님의 성스러운 침묵에 가장 가까이 있다고 여긴다. 불교가 가진 가장 큰 역설은 한편으로는 이성적인 접근을 철저히 강조하면서도, 다른 한편으로는 영적 추구의 궁극적인 목표를 깊은 침묵에 두고 있다는 것이다. 중관파의 공에 대한 가르침은 이 역설을 해결하는 데 큰 역할을 했다.

중관파를 대표하는 탁월한 철학자로는 나가르주나(2세기 중관철학의 창시자), 아리야데바(나가르주나의 수제자), 찬드라키르티(6세기 중관철학의 한 갈래인 프라상기카 학파 창시), 샨티데바(《입보리행론》의 저자) 등이 있다.

티베트 불교

불교는 7세기경 티베트에 들어왔으며, 곧바로 티베트의 지배적인 종교이자 티베트 인들의 철학이 되었다. 불교가 티베트에 전해진 이후 오랜 세월에 걸쳐 불교는 네 개의 주요 종파로 발전했다. 닝마파, 카규파, 사캬파, 겔룩파가 그들이다. 이 종파들의 차이는 구체적인 교리의 차이라기보다는 종파의 성립 시기와 그들이 스승으로 모시고 있는 이의 계보와 더 큰 관계가 있다. 어느 파든 대승불교를 따르고, 중관파가 불교 철학의 정점에 올라서 있다는 것을 인정한다.

가장 중요한 것은 네 종파 모두 깨달음에 이르는 영적인 수행 방법으로 바즈라야나(밀교)를 가장 탁월한 길로 받아들인다는 사실이다. 바즈라야나는 '가장 단단한 수레'(금강승)라는 뜻이며, 불교의 비밀 전통이라고 표현하는 것이 가장 적절할 것이다. 이 수행법의 특징은 무엇보다도 불이(모든 이원론을 넘어서는 것)를 강조하고, 집착이나 질투 같은 감정을 깨달음에 이르는 방편으로 여긴다는 것이다. 또한 명상에 몰입하기 위한 주요 수단으로 심리적인 상징을 많이 사용하는 것도 이 밀교의 특징이다.

닝마파는 '오래전에 행해진 번역에 의존하는 사람들'이라는 뜻으로, 티베트 불교의 가장 오래된 종파이다. 그 기원은 8세기경 티베트에 와서 머물렀던 인도의 대스승 파드마삼바바와 산타라크시타의 가르침까지 거슬러 올라간다. 나머지 세 종파는 하나로 묶어 '새로운 번역에 의존하는 종파'라고 불린다(여기서 '오래전'과 '새로운'은 단지 불교 경전이 티베트에서 번역된 시기의 차이를 가리킬 뿐이다).

카규파는 11세기 인도인 스승 나로파(1016~1100)의 가르침을 받은 티베트 인 번역승 마르파(1012~1097)가 창시했다. 사캬파는 티베트 인 번역승 도크미 로차와(992~1072) 밑에서 배운 콘 쿤촉 갈포가 11세기에 창시했다. 마지막으로 겔룩파는 총카파(1357~1419)가 티베트 불교를 급진적으로 개혁한 후에 독립적으로 생겨난 학파이다. 총카파는 12세기경에 티베트에 들어와 불법을 전한 인도의 위대한 승려 아티샤(982~1054.《보리도등론》의 저자)와 그의 티베트 인 수제자 돔통파가 시작한 카담파 운동의 개혁 정신으로부터 큰 영감을 받았다. 이런 영향 때문에 겔룩파는 신카담파로 알려지게 되었다. 14세기 이후로는 이 새로운 개혁파가 티베트, 몽골, 그 밖의 여러 중앙아시아 불교 국가에서 지배적인 사상으로 자리 잡았다. 전통적으로 티베트의 가장 위대한 두 명의 영적 지도자인 달라이 라마와 판첸 라마는 모두 이 개혁파 출신이다.

총카파가 창시한 겔룩파는 한마디로 말해 진정한 종합을 이룬 학파라고 말할 수 있다. 이 학파는 초기의 불교인들과 마찬가지로 도덕적 계율을 철저히 지키는 것을 영적 생활의 기본으로 강조했다. 총카파가 카담파의 가르침을 높이 찬양했기 때문에 이 새로운 학파는 실제 수행 방법에 '로종'이라고 알려진 가르침을 전적으로 채택했다. 로종은 '마음의 훈련' 혹은 '생각의 변화'를 의미한다. 이 가르침의 특징은 남을 생각하기가 매우 어려운 상황조차도 자비심과 이타심을 키우는 가장 좋은 기회로 만드는 방법을 가르치는 데 있다.

철학적인 면에서 겔룩파는 중관파의 공의 교리를 전적으로 따르고 있다. 또한 깨달음에 이르는 필수적인 방법으로 비판적 분석의 중요성을 인정한다. 하지만 이성적인 접근 방법을 강조하면서도 겔룩파는 바즈라야나의 가르침을 완전한 불성에 이르는 마지막 이상으로 여기고 있다.

두말할 필요 없이 이런 통합적인 접근 방법이 가능하려면 다양한 관점에 대한 깊은 이해가 필요하다. 다시 말해 자신이 처한 환경과 배경 속에서 지금 어느 것이 가장 가치 있고 좋은 방법인가를 융통성 있게 판단해야만 한다.

이런 복합성이 티베트 불교를 심오하면서 동시에 복잡한 것으로 만들고 있다. 따라서 어느 것이 불교의 입장이라고 딱히 말할 수 없는 것처럼, 어느 것이 티베트 불교의 관점이라고 말하는 것 또한 무의미하다.

그러므로 달라이 라마의 복음서 강의를 읽을 때도, 그분의 통찰력이 다양한 관점과 풍부한 영적 자원으로부터 나온다는 것을 기억할 필요가 있다. 경전을 진지하게 읽으려면 언제나 뛰어난 해석 능력이 필요하다. 오직 이런 방법으로 접근할 때만이 경전들에 담긴 심오한 내용을 완전하게 이해할 수 있다.

마지막으로 다른 종교에 대해 불교가 일반적으로 어떤 자세를 갖고 있는가에 대해 간단히 말하는 것이 좋겠다. 다른 종교들과 마찬가지로 인간 존재의 근본적인 문제를 다루고 있다는 점에서 불교는 보편성을 지니고 있다. 이런 의미에서 볼 때 불교가 전하는 메시지와 교리는 역사와 문화적 배경에 한정된 것이 아니다. 하지만 대승불교가 발전하던 초기 단계부터 불교는 세상에는 개인들의 다양한 영적 성향에 맞는 수많은 길들이 있다는 것을 인정해 왔다. 가장 근본적인 차원에서 사람의 영적 성향이 매우 다양하다는 사실을 인식한 것이다.

대승불교의 어느 경전은 이렇게 말하고 있다. "세상에는 다양한 성향과 다양한 관심, 다양한 영적인 길이 있다." 달라이 라마가 종종 '종교의 슈퍼마켓'이라고 말하는 근거가 여기에 있다고 나는 생각한다. 불교에서는 이 모든 영적인 길이 가치가 있다고 여긴다. 왜냐하면 그 각각의 길들이 수많은 사람들의 근본적인 추구에 해답을 주기 때문이다.

형이상적인 진리의 주장만을 놓고 그것이 지닌 영적인 가치를 판단해서는 안 된다. 오히려 판단의 기준은 사람들에게 영적인 구원, 곧 자유를 줄 수 있는 능력과 관계가 있어야 한다. 불교와 그리스도교는 오랜 역사 속에서 이런 능력을 증명해 왔다.

이것을 생각할 때 심오한 두 종교가 만나 나누는 순수한 대화는 서로의 가르침을 풍요롭게 할 뿐 아니라, 영적인 삶에 대한 세상의 이해를 더 깊어지게 할 것이다.

유명한 종교 역사학자 폴 틸리히는 말했다.

"그리스도교와 불교의 만남으로 영적인 혁명이 일어날 것이다."

아마도 그가 옳은 것 같다.

（옮긴이 글）

달라이 라마, 예수를 말하다

존 메인 신부(1926~1982)는 로마가톨릭 사제이며 아일랜드계 베네딕도회 수도자로, 사막의 교부들에서부터 이어져 내려온 전통에 따라 그리스도교에 기도문과 만트라 등을 이용한 명상법을 도입했다. 1975년 메인 신부는 런던 서부에 있는 자신의 수도원에서 처음으로 그리스도교 명상 모임을 가졌는데, 이것이 세계 그리스도교 명상 공동체(WCCM : World Community for Christian Meditation)의 모태가 되었다. 이 명상 모임은 현재 영국, 캐나다, 미국, 독일, 프랑스, 한국, 중국, 일본, 필리핀을 포함한 전 세계 100여 개 나라에 약 2,000개의 그룹이 존재하며 평신도가 중심이 되어 활동하고 있다.

　　메인 신부가 세상을 떠난 후 그를 기리기 위해 1984년부터 해마다 '존 메인 세미나'가 열려 지금에 이르고 있다. 이 세미나에서는 영적 추구에 평생을 바친 다양한 인물들을 초청해 영성과 기도, 명상, 타종교와의 대화 등을 주제로 강연을 듣는다. 옥스퍼드대학 석좌교수를 역임한 캐나다의 철학자 찰스 테일러, 영국 베데딕도회 수사이며 인도에 명상 센터를 세운, 인도 이름으로 스와미 다야난다라고도 불린 베데 그리피스 신부, 발달 장애를 가진 사람들의 국제적 공동체 라르슈를 세운 신학자 장 바니에, 그리고 인도 출신의 영국인 작가 앤드류 하비 등이 이 세미나의 연사로 초대되어 청중들과 생각을 나누었다.

1994년, 존 메인 세미나는 매우 특별한 자리를 준비했다. 티베트 불교의 지도자이며 정신적 스승인 제14대 달라이 라마를 초청해 '선한 마음: 예수의 가르침에 대한 불교도의 견해(The Good Heart: A Buddhist Perspective on the Teaching of Jesus)'라는 주제로 예수 그리스도의 사복음서 가르침에 대한 달라이 라마의 생각을 듣기로 한 것이다. 역사적으로 전무후무한 이 제의를 기꺼이 받아들인 달라이 라마는 북런던에 있는 미들섹스대학 강의실에서 가톨릭 대주교에서 인디언 원주민 주술사에 이르기까지 세계 각지의 종교인들이 참석한 가운데 예수의 가르침에 대한 강의를 시작했다. 강의는 매우 인상적이고, 독특하고, 웃음 넘치고, 감동적이었다. 이 책은 3일 동안 진행된 그 강의의 생생한 기록이며, 출간 직후 세계적인 베스트셀러가 되고 많은 나라의 언어로 번역되었다. 달라이 라마는 2000년 북아일랜드 벨파스트에서 열린 세미나에도 연사로 초대되었으며 3,000명의 참가자들이 그의 강연을 경청했다.

이 책은 늘 접하는 성서의 가르침을 새로운 관점에서 보게 한다. 그뿐 아니라, 강의 내내 풍기는 상대방을 향한 존중심과 부드러운 유머, 가톨릭 신부와의 진심 어린 대화가 책을 읽는 동안 마음을 따뜻하게 한다. 달라이 라마는 시종일관 그리스도교에 대한 자신의 무지를 사과하면서 겸손하게, 그러나 분명하게 자신의 견해를 피력하고 있다. 몇 페이지만 읽어도 타종교에 대한 주제넘은 분석이나 외교적인 타협이 아닌, 애정 어린 시각으로 그리스도교의 가르침을 바라보고 있음을 금방 눈치챌 수 있다. 이 책은 서양에서는 《선한 마음(The Good Heart)》이라는 제목으로 출간되었는데, '선한 마음'은 신약성서뿐 아니라 불교 경전에도 자주 등장하는 용어이다. 자신이 믿는 종교에 대해 흔들림을 잃지 않으면서 다른 종교의 가르침에서도 좋은 점을 받아들이는 모습, 선한 마음에 대한 고민과 노력이 담긴 모습이 이 책이 주는 감동이다. 그리스도교 단체가 타종교의 지도자를 초대해 성서의 핵심 복음에 관해 서로 교감하고 깨우치는 자리를 마련했다는 그 자체가 선한 마음이다.

중국의 티베트 침략 후 인도로 망명한 달라이 라마는 1968년 다람살라에서 트라피스트회 신부인 토머스 머튼과 만나 대화를 나누었다. 그때 달라이 라마의 나이 33세였다. 이 중요한 만남은 두 사람 모두에게 큰 전환점이 되었다. 종교 역사학자 폴 틸리히는 '그리스도교와 불교의 만남으로 영적인 혁명이 일어날 것'이라고 했다. 자신의 종교만이 구원에 이르는 유일한 길이라는 주장은 어리석다. 그러나 달라이 라마는 세계 종교의 개념을 지지하지 않는다. 그는 세상의 다양한 종교를 하나로 만들려는 시도는 무의미하다고 말한다.

"저는 사람들이 자신의 문화유산으로 이어받은 종교를 꾸준히 믿는 것을 좋게 생각합니다. 물론 자기 영혼의 요구에 더 절실히 와닿는 새로운 종교를 발견할 수도 있습니다. 그렇다면 누구나 그 종교로 바꿀 권리가 있습니다. 하지만 일반적으로 말해, 자신이 몸담고 살아온 종교적 전통에서 삶의 가치를 발견하는 것이 더 좋다고 저는 생각합니다.

여기 자신의 종교를 바꾸려는 사람에게 일어날 수 있는 곤란한 예가 하나 있습니다. 1960년대에 한 티베트 인 가족이 살고 있었습니다. 가족의 아버지가 세상을 떠나고 난 얼마 후에 어머니가 저를 찾아왔습니다. 그분은 다음 생을 생각한다면 당연히 불교인으로 남고 싶지만, 한 번의 생만을 생각한다면 그리스도교인이 되고 싶다고 말했습니다. 정말 복잡하더군요!

당신이 그리스도교인이라면 그리스도교를 통해 영적인 성장을 이루는 것이 좋습니다. 훌륭하고 진정한 그리스도교인이 되는 것이 좋습니다. 만약 당신이 불교인이라면 순수한 불교인이 되십시오. 제발 반씩 섞어서 믿지는 마십시오! 그저 마음만 혼란스러울 뿐입니다."

'당신이 기독교인이라면 진정한 기독교인이 되라'는 말을 불교의 지도자에게 듣는 것은 매우 독특한 느낌이다. 천국이 죽은 뒤의 어떤 장소를 말하는 것이 아니라 신과 합일된 상태에서의 마음의 기쁨을 말하며, 마찬가지로 지옥은 죽은 뒤 벌을 받는 곳이 아니라 지금 나의 고통과 괴로움을 표현한 것이라는 그의 해석에 가톨릭 수도자들도 긍정한다.

우리 자신의 영혼의 요구에 절실히 와닿는 종교를 만나야 하지만, '종교는 조용한 혁명'이라는 말을 나는 좋아한다. 종교는 외침이 아니라 자신의 삶 속에서 진리를 실천해 나가는 일이기 때문이다. 그때 진리가 우리를 자유롭게 한다.

한국에서 초판본(1999년 8월)이 발행되었을 때 《달라이 라마 예수를 말하다》로 책 제목을 정했던 것을 이번에 불광출판사에서 이 개정판을 내면서 원서 제목인 《선한 마음》으로 바꾸었다.

류시화

옮긴이_ **류시화**

류시화는 시인으로 시집《그대가 곁에 있어도 나는 그대가 그립다》《외눈박이 물고기의 사랑》《나의 상처는 돌 너의 상처는 꽃》을 냈으며, 잠언시집《지금 알고 있는 걸 그때도 알았더라면》《사랑하라 한번도 상처받지 않은 것처럼》을 엮었다. 인도 여행기《하늘 호수로 떠난 여행》《지구별 여행자》를 펴냈으며, 하이쿠 모음집《한 줄도 너무 길다》《백만 광년의 고독 속에서 한 줄의 시를 읽다》《바쇼 하이쿠 선집》과 인디언 연설문집《나는 왜 너가 아니고 나인가》를 엮었다. 번역서로《인생 수업》《술 취한 코끼리 길들이기》《마음을 열어주는 101가지 이야기》《달라이 라마의 행복론》《삶으로 다시 떠오르기》《기탄잘리》《예언자》등이 있다. 최근에 산문집《새는 날아가면서 뒤돌아보지 않는다》와 시 모음집《시로 납치하다》를 출간했다.

선한 마음
달라이 라마의 성경 강의

2017년 12월 11일 초판 1쇄 발행
2018년 7월 20일 초판 2쇄 발행

지은이 달라이 라마 • 옮긴이 류시화
발행인 박상근(至弘) • 편집인 류지호 • 상무 이영철
책임편집 이기선 • 편집 김선경,이상근,양동민,주성원,김소영,김재호
디자인 쿠담디자인 • 제작 김명환 • 마케팅 허성국 김대현 최창호 양민호 • 관리 윤정안
펴낸 곳 불광출판사 (03150) 서울시 종로구 우정국로45-13, 3층
　　　　대표전화 02) 420-3200 편집부 02) 420-3300 팩시밀리 02) 420-3400
　　　　출판등록 제300-2009-130호(1979. 10. 10.)

ISBN 978-89-7479-371-5 (03200)

값 15,000원

이 도서의 국립중앙도서관 출판예정도서목록(CIP)은
서지정보유통지원시스템 홈페이지(http://seoji.nl.go.kr)와
국가자료공동목록시스템(http://www.nl.go.kr/kolisnet)에서 이용하실 수 있습니다.
(CIP제어번호: CIP2017031121)